W0064954

Tobias Pehle

Reparatur Basics

GRUNDTEC

Inhalt

Impressum

ISBN: 978-3-8094-3326-2

1. Auflage

© 2014 by Bassermann Verlag, einem Unternehmen der Verlagsgruppe Random House GmbH, 81673 München

Die Verwertung der Texte und Bilder, auch auszugsweise, ist ohne Zustimmung des Verlags urheberrechtswidrig und strafbar. Dies gilt auch für Vervielfältigungen, Übersetzungen, Mikroverfilmung und für die Verarbeitung mit elektronischen Systemen.

Umschlaggestaltung: Atelier Versen, Bad Aibling

Bildnachweis: Archiv Medien Kommunikation, Unna

Projektleitung: Martha Sprenger

Herstellung: Elke Cramer

Redaktionelle Mitarbeit: Yara Hackstein, Antonia Pehle

Die Informationen in diesem Buch sind vom Autor und vom Verlag sorgfältig erwogen und geprüft, dennoch kann eine Garantie nicht übernommen werden. Eine Haftung des Autors bzw. des Verlags und seiner Beauftragten für Personen-, Sach- und Vermögensschäden ist ausgeschlossen. Dies gilt auch und insbesondere im Falle der Nichtbeachtung der Reihenfolge der vom Autor vorgesehenen Arbeitsschritte sowie der Sicherheitshinweise.

Layout und Satz: Medien Kommunikation, Unna

Reproduktion: Artilitho snc, Lavis (Trento)

Druck und Bindung: Druckerei Theiss, St. Stefan

Printed in Austria

Verlagsgruppe Random House FSC® N001967

Das für dieses Buch verwendete FSC®-zertifizierte Papier *Profimatt* liefert Sappi Ehingen.

Tobias Pehle

Reparatur *Basics*

ganz einfach
selbst gemacht

Bassermann

HNIKEN

OB BOHREN ODER SCHRAUBEN, SÄGEN ODER KLEBEN BEI VIELEN REPARATUREN IM HAUSHALT SIND IMMER WIEDER DIESELBEN TECHNIKEN GEFRAGT. DIESES KAPITEL ZEIGT, WORAUF ES BEI DEN WICHTIGSTEN GRUNDTECHNIKEN ANKOMMT UND GIBT TIPPS, WIE DIE ARBEIT LEICHTER FÄLLT.

Die zehn goldenen Regeln beim Reparieren

In den Anleitungen macht eine rotes Warnsignal auf Gefahren aufmerksam?

Dieser Ratgeber ermöglicht es, kleinere Reparaturen schnell und leicht selbst auszuführen. Damit Sie dabei auch auf der sicheren Seite sind, sollten Sie die folgenden Sicherheitsvorschriften und Tipps unbedingt beachten!

1. NEHMEN SIE SICH ZEIT!

Mal eben und ganz schnell nebenbei — so gelingt nur selten etwas. Wenn Sie Ihre Arbeit vernünftig erledigen und professionelle Ergebnisse erzielen möchten, sollten Sie sich Zeit nehmen und die Aufgabe in Ruhe angehen.

2. SICHERHEITSHINWEISE IM TEXT BEACHTEN!

Vor allem bei Arbeiten am 230V-Stromnetz, aber auch bei vielen anderen Aufgaben wie z. B. bei Reparaturen an der Heizung gelten spezielle Sicherheitshinweise. Diese sind im Text deutlich hervorgehoben und sollten unbedingt beachtet werden.

3. WARNUNGEN DER HERSTELLER BEFOLGEN!

Ob bei Werkzeugen wie elektrischen Sägen oder Materialien wie Klebern: Bei nahezu allen Produkten weisen die Hersteller in Produktbeschreibungen oder auf Verpackungen auf Sicherheitsrisiken hin. Beachten Sie diese Sicherheitshinweise ganz genau.

4. SICHERHEIT AM ARBEITSPLATZ SCHAFFEN!

Arbeiten auf kippeligen Leitern oder waghalsige Aktionen auf ungesichertem Untergrund sind häufige Ursachen für Unfälle. Achten Sie deshalb vor allem auf Sicherheit am Arbeitsplatz. Tragen Sie am besten Arbeits- und Schutzkleidung.

5. ARBEITEN RICHTIG EINSCHÄTZEN!

Sie selbst können am besten einschätzen, was und wie viel Sie sich zutrauen. Schätzen Sie die zu erledigende Aufgabe richtig ein und gehen Sie nur an solche Arbeiten heran, die Sie selbst bewältigen können. Es

Mit Ruhe, Spaß und Umsicht zu arbeiten, ist die beste Sicherheitsmaßnahme überhaupt, denn gravierende Fehler – und auch Verletzungen – entstehen meist unter Stress und Zeitdruck.

ist allemal sinnvoller, einen Fachmann zu beauftragen, als sich selbst zu überfordern und gegebenenfalls sogar mehr Schaden als Nutzen anzurichten.

6. HOLEN SIE SICH HILFE!

Wenn Sie einmal nicht weiter wissen, ist es sinnvoller, einen Profi zu Rate zu ziehen, als selbst alles zu verpfuschen.

7. BEREITEN SIE IHRE ARBEIT GUT VOR!

Eine gute Arbeitsvorbereitung ist der wichtigste Schlüssel zum Erfolg. Tragen Sie vor allem dafür Sorge, dass alle notwendigen Materialien und Werkzeuge zur Hand sind.

8. NUR MIT GUTEM WERKZEUG ARBEITEN!

Ohne vernünftiges Werkzeug geht es in der Regel nicht. Keinesfalls sollten Sie

altes und defektes Werkzeug einsetzen – das kann grob fahrlässig sein wie bei einem Hammer, dessen Kopf nicht mehr fest auf dem Stiel sitzt.

9. VERWENDEN SIE NUR INTAKTE MATERIALIEN!

Wer defekte oder alte Materialien einsetzt, spart am falschen Ende. Nicht nur, dass diese oft einen erfolgreichen Abschluss unmöglich machen – defekte Materialien wie z. B. alte Stromkabel können auch lebensgefährlich sein.

10. FUNKTIONSTEST NICHT VERGESSEN!

Nach den meisten Reparaturen gilt es zu überprüfen, ob die Arbeiten auch geglückt sind. Führen Sie vor Ende immer einen Funktionstest durch und schließen Sie die Arbeit nur ab, wenn dieser erfolgreich war.

Richtig bohren

Angst vor dem Bohren ist nur beim Zahnarzt berechtigt: Der Umgang mit der Bohrmaschine zu Hause ist eigentlich ganz einfach und es geht meistens leichter, als man denkt.

Der Handel bietet die unterschiedlichsten Bohrmaschinen an. In der Regel aber reicht ein leistungsstarker Akkubohrer aus, so z. B. beim Bohren in Gipskarton und Porenbeton. Nur bei härteren Materialien wie Beton ist heute eine leistungsstärkere Bohrmaschine erforderlich.

Ganz gleich, welche Bohrmaschine Sie verwenden: Ohne den richtigen Bohrer geht nichts. Die Bohrer werden nach dem Material unterschieden, in das gebohrt werden soll. Man unterscheidet:

✓ Holzbohrer (schwarz-silber, zu erkennen an der Spitze vorn),
✓ Steinbohrer (silberfarben) und
✓ Stahlbohrer (ganz schwarz).

Achten Sie darauf, dass Sie immer den richtigen Typ verwenden – andernfalls wird's schwierig.

RICHTIG BOHREN

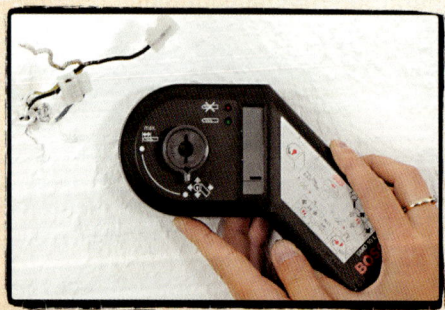

Ein Metalldetektor zeigt an, ob in der Wand Kabel oder Leitungen verlaufen. Mit seiner Hilfe vermeidet man das Anbohren von Leitungen. Die kleinen Geräte sind nicht teuer; die Anschaffung lohnt vor allem vor größeren Renovierungsvorhaben oder vor Umzügen.

Damit der Bohrer sicher im Bohrfutter (so nennt man den drehbaren Kopf einer Bohrmaschine) sitzt, muss das Futter fest angezogen werden. Bei Akkuschraubern wird von Hand angezogen, größeren Bohrmaschinen liegt dazu ein kleines Werkzeug bei, ein so genannter Bohrfutterschlüssel.

Vor dem Bohren gilt es noch das Drehmoment richtig einzustellen; dazu dreht man den Einstellring vorne am Bohrfutter auf die höchste Stufe (mit einem Bohrersymbol gekennzeichnet).

Außerdem muss man darauf achten, dass die Maschine richtig herum dreht. Man kann von Links- auf Rechtslauf umstellen – z. B. um eine Schraube festziehen und

auch wieder lösen zu können. Zum Bohren muss Rechtslauf eingestellt sein.

Beim Bohren selbst kommt es auf die richtige Körperhaltung an: Stellen Sie sich in leichter Schrittstellung vor die Wand. Die linke Hand führt die Maschine; mit der rechten Hand drückt man von hinten gegen die Bohrmaschine, so dass vorn auf dem Bohrer Druck entsteht. Bohren kann, muss aber nicht schwer gehen.

Um möglichst wenig Kraft aufwenden zu müssen, hält man die Maschine am besten in Brusthöhe – hier wirken die Druckkräfte des eigenen Körpers optimal. Wenn die Kraft der Arme zum Bohren nicht ausreicht, kann man so sein Körpergewicht einsetzen und gegen die Maschine drücken. Muss höher gebohrt werden, stellt man sich am besten auf eine kleine Leiter.

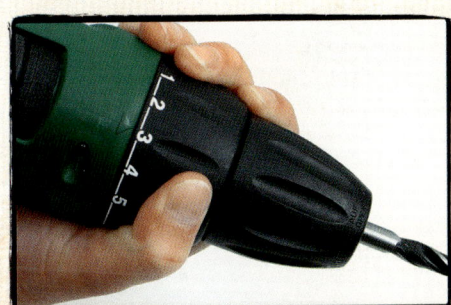

Das Drehmoment wird zum Bohren auf die höchste Stufe eingestellt. Dazu befindet sich vorn an der Maschine ein spezieller Stellring. Bei Akkuschraubern ist die höchste Stufe oft durch ein Symbol, das einen Bohrer zeigt, gekennzeichnet.

Wichtig ist auch, dass der Bohrer in die richtige Richtung dreht. Zum Bohren muss er nach rechts drehen. Die Umstellung erfolgt oft über einen kleinen Schiebeschalter, der vorn an der linken oder rechten Seite des Bohrers eingedrückt werden kann.

Richtig schrauben

Schrauben sind die sicherste und flexibelste Art der Befestigung. Allerdings gibt es erhebliche Qualitätsunterschiede. Markenschrauben lassen sich sehr gut drehen, sind stabil und rosten nicht so schnell.

Schrauben unterscheidet man anhand des Kopfs in Schlitz-, Kreuzschlitz- und Torx-Schrauben. Schlitzschrauben werden heute so gut wie nicht mehr eingesetzt, weil sie vom Dreher (so lautet die fachlich richtige Bezeichnung für den Schrauben-zieher) nur schwer richtig sicher gedreht werden können.

Grundsätzlich sollten Sie immer Kreuz-schlitz- oder Torxschrauben einsetzen:

Hier greift der Schraubendreher einfach besser und das Schrauben geht leichter von der Hand. Torx-Schrau-ben sind noch relativ neu am Markt – sie ähneln Imbusschrau-ben und lassen sich sehr gut drehen.

SCHRAUB-TIPPS

Bits bietet der Handel in unterschied-lichen Qualitäten an. Empfehlenswert sind Markensets mit verschiedenen Kreuz-, Schlitz- und Torxbits. Der Bit sollte exakt zum Schraubenkopf passen. Werden zu große Bits ein-gesetzt, zerstören Sie den Kopf der Schraube, zu kleine greifen nicht richtig.

Bits setzt man nicht nur in Akkuschrau-bern oder Bohrmaschinen ein. Sehr praktisch sind Bithalter zum Drehen von Hand. Diese ersetzen mühelos ein ganzes Sortiment an klassischen Schraubendrehern. Übrigens: Sehr fest sitzende Schrauben lassen sich in der Regel besser von Hand als mit einer Maschine lösen.

Richtig nageln

Nageln ist die einfachste Art, etwas an der Wand zu befestigen – aber leider nicht die stabilste. Dennoch: Für das Befestigen von leichten Gegenständen sind Hammer und Nagel erste Wahl.

Zum Nageln benutzt man einen Schreinerhammer, und der sollte weder zu groß noch zu klein sein. Für Nägel von 15 bis 50 mm setzt man am besten einen Hammer mit einem Gewicht von 300 g ein. Für kleinere Nägel ist ein 100-g-Hammer ideal, für größere benutzt man einen 500-g-Hammer. Der Nagel wird zunächst mit leichten Schlägen an der Wand fixiert. Dazu verwendet man die spitze Seite des Hammers, da man mit ihr sensibler treffen

kann. Dann wird der Hammer gedreht und der Nagel mit der breiten Seite und kräftigeren Schlägen in die Wand getrieben.

Das Zielen vereinfacht, wenn man den Hammerkopf zunächst auf dem Nagel aufsetzt. In einer zügigen, fließenden Bewegung nimmt man dann den Hammer zurück und schlägt sofort zu. Wichtig ist, beim Hämmern auf den Nagel zu schauen und nicht auf den Hammer.

NAGEL-TIPPS

So bekommt man garantiert keine blauen Finger: Wenn man den Nagel mit einer Spitzzange hält, ist es fast unmöglich, sich mit dem Hammer auf die Finger zu schlagen.

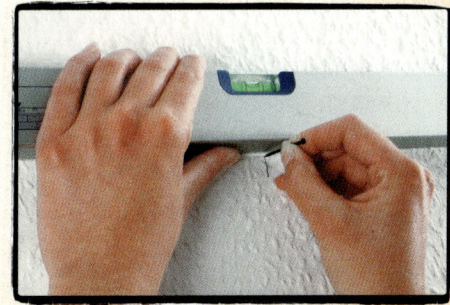

Beim Aufhängen von Bildern müssen oft zwei Nägel auf gleicher Höhe eingeschlagen werden. Dabei gibt es einen einfachen Trick: Erst einen Nagel einschlagen. Dann auf den Nagel eine Seite einer Wasserwaage auflegen und die andere Seite der Wasserwaage mit dem zweiten Nagel exakt waagerecht ausrichten.

Richtig dübeln

Sie sind das Königspaar unter den Befestigungstechniken: Nichts hält in der Wand so sicher wie Schraube und Dübel.

Das gilt allerdings nur, wenn für die Wand der richtige Dübel mit der passenden Schraube verwendet wird. Bei der Auswahl des Dübels gilt es, zwei Kategorien von Baustoffen zu unterscheiden: Beton, Voll- und Hohlraumsteine auf der einen und Plattenbaustoffe für Hohlwände wie z. B. Gipskartonplatten auf der anderen Seite.

Bei verputzten Wänden kann man nur schwer beurteilen, woraus sie aufgebaut sind. Einen wichtigen Aufschluss gibt der Klopftest: Man klopft mit dem Finger gegen die Wand; wenn das Klopfgeräusch einen Hohlraum vermuten lässt, handelt es sich wahrscheinlich um eine Wand aus Gipskartonplatten.

RICHTIG DÜBELN

1 Beim Bohren der Dübellöcher kommt es darauf an, die Bohrmaschine gerade zu halten. Das Loch sollte nur so tief wie nötig gebohrt werden, also etwas tiefer als der Dübel ist.

Besonders wichtig ist, immer den zum Dübel passenden Bohrer zu verwenden.

2 Nach dem Bohren wird das Bohrloch mit dem Staubsauger gereinigt; um Schmutz zu vermeiden, kann auch während des Bohrens direkt unterhalb des Bohrlochs gesaugt werden.

STANDARDDÜBEL ODER HOHLRAUMDÜBEL?

Bei der Auswahl der Dübel kommt es auf den Wandaufbau an. Man unterscheidet:

STANDARDDÜBEL

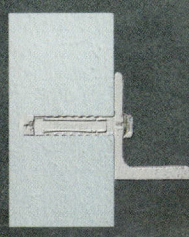

Bei einem klassischen Wandaufbau aus Stein oder Porenbeton findet der Dübel festen Halt in der Wand.

HOHLRAUMDÜBEL

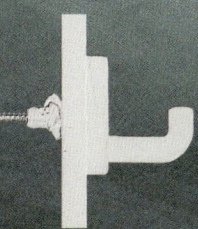

Bei einer Wand aus Gipskarton hingegen befindet sich hinter dem Karton Hohlraum. Für festen Halt können hier nur spezielle Hohlraumdübel sorgen, die sich beim Eindrehen der Schraube verformen.

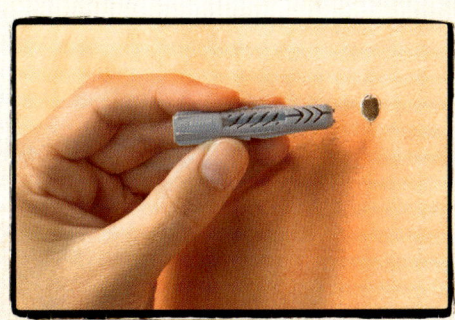

3 Der verwendete Dübel sollte exakt zum Bohrloch passen. Wenn beispielsweise das Loch mit einem 6er-Bohrer gebohrt wurde, sollte auch ein 6er-Dübel verwendet werden. Wenn sich der Dübel nicht von Hand bündig zur Wand ins Loch stecken lässt, kann man ihn auch mit leichten Hammerschlägen versenken.

4 Schrauben dreht man am besten von Hand in Dübellöcher ein. Akkuschrauber gleiten leicht ab und das führt oft zu hässlichen Macken in der Wand.

Richtig sägen

Ob das Zuschneiden von Holzplatten, das Kürzen von Leisten oder das Durchtrennen von Plastik und Aluminium – bei vielen Arbeiten ist der Griff zur Säge unerlässlich.

Am einfachsten gestaltet sich das Sägen, wenn man eine Maschine wie die Stichsäge verwendet. Allerdings ist dies nicht immer zu empfehlen. Von Hand zu sägen ist zwar in der Regel kraftaufwendig, führt aber meistens zu sauberen Ergebnissen. Besonders bei dünnen oder schmalen Hölzern wie beispielsweise bei Leisten fallen die Schnittkanten sehr sauber aus, wenn man zu einer Puksäge oder einer kleinen Handsäge greift.

Wichtig sind in jedem Fall scharfe Sägeblätter. Mit stumpfem Werkzeug lässt sich kein professionelles Ergebnis erzielen. Bei

ARBEITEN MIT DER STICHSÄGE

Achtung: Der Umgang mit Sägen birgt naturgemäß ein hohes Verletzungsrisiko. Grundsätzlich ist deshalb beim Sägen Vorsicht und Umsicht geboten. Führen Sie die Arbeiten stets ruhig und konzentriert aus. Es empfiehlt sich, Handschuhe und Schutzbrille zu tragen.

Bei Arbeiten mit Elektrosägen, vor allem beim Umgang mit Kreissägen, sind unbedingt die Sicherheitshinweise der Hersteller zu beachten.

Beim Sägen mit der Stichsäge fällt die Schnittkante auf der Unterseite des Werkstücks meist sauberer aus als auf der beim Sägen sichtbaren Seite. Deshalb empfiehlt es sich bei sichtbaren Kanten, das Holz so herum zu bearbeiten, dass sich beim Sägen die wichtige Schnittfläche unten befindet.

den Sägeblättern gibt es für viele Materialien unterschiedliche Sägeblätter. Grundsätzlich gilt dabei: Je feiner die Zähnung, desto sauberer die Schnittkante, je grober die Zähnung, desto leichter lassen sich auch dickere Materialien sägen.

Der Handel führt mittlerweile auch ein breites Sortiment an akkubetriebenen Stich- und sogar Kreissägen. Diese Sägen reichen für die meisten Arbeiten im Haushalt vollkommen aus.

Nur für handwerklich besonders anspruchsvolle oder große Flächen ist eine Tischkreissäge erforderlich. Mit ihr lassen sich nicht nur sehr einfach lange Schnitte ausführen – auch winkelgenaue Gehrungsschnitte (schräge Schnitte) stellen mit einem Markengerät keine größere Herausforderung dar.

Auch schräge Schnitte – so genannte Gehrungsschnitte – sind mit der Stichsäge kein Problem. Die Säge kann entsprechend verstellt werden und rastet meist bei 45° spürbar ein. Bei anderen Winkeln empfiehlt es sich, die genaue Einstellung zunächst an einem Abfallstück auszuprobieren.

Gerade Schnitte gelingen nur, wenn man die Stichsäge an einer Schiene entlangführt. Der Handel bietet dazu spezielle Führungsschienen an. Es ist aber völlig ausreichend, eine gerade Holz- oder Aluminiumleiste mit zwei kleinen Zwingen als Führung zu verwenden.

Richtig kleben

Bei vielen Reparaturen ist heute Kleben die einfachste und auch stabilste Form des Verbindens. Wenn man die Klebstoffe richtig verarbeitet, laufen sie Dübeln und Schrauben den Rang ab. Darauf kommt es an:

✓ Der Klebstoff muss zu den Materialien passen, die miteinander verklebt werden sollen (siehe auch Seite 118: „Basics: Klebstoffe").

✓ Für den Halt ist der Untergrund von entscheidender Bedeutung. Dieser muss richtig sauber sein. Deshalb sollte man vor dem Verkleben die zu verbindenden Teile gründlich reinigen. Beim Verkleben darf der Untergrund zwar feucht, aber keinesfalls staubig sein.

✓ Der Untergrund sollte nicht porös oder instabil sein. Der beste Klebstoff nützt nichts, wenn sich unter Last der Untergrund ablöst, z.B. der Putz an der Wand. Auch Farben und Lacke bilden keinen 100-prozentig festen Klebegrund – deshalb diese vor dem Verkleben anschleifen.

DIE BESTEN KLEBETRICKS

Ob alter Kleber noch gut ist, zeigt ein kleiner Test: Dazu etwas Klebstoff auf ein Stück Karton auftragen. Zeigen sich unterschiedliche Flüssigkeiten oder flockt der Kleber aus, ist er nicht mehr gut. Ist die Konsistenz jedoch einheitlich und flüssig bis gelartig, kann man den Kleber ohne weiteres verwenden.

Wenn größere Flächen miteinander verbunden werden sollen, ist es empfehlenswert, den Klebstoff mit einem Spachtel (am besten einem Japanspachtel) oder einem Stück stabilen Karton auf der Fläche zu verteilen.

✔ Grundsätzlich muss Klebstoff nur dünn aufgetragen werden. Bei unebenen Flächen sollte man den Klebstoff aber so dick auftragen, dass ausreichend viele Klebepunkte entstehen.

✔ Sollten sich Verklebungen gelöst haben, muss vor der Reparatur der alte Klebstoff möglichst rückstandsfrei entfernt werden. Andernfalls besteht die Gefahr, dass der neue Kleber nicht hält.

✔ Bei den meisten Klebstoffen reicht es aus, nur eines der beiden zu verbindenden Teile mit Klebstoff einzustreichen. Eine Ausnahme bilden unter den gängigen Klebstoffen nur die Kontakt-/Kraftkleber – für sichere Verbindungen müssen hier beide Seiten mit Klebstoff eingestrichen werden.

✔ Die meisten Klebstoffe sind sofort verarbeitungsfähig. Es gibt aber auch so genannte Komponentenkleber, die vor dem Verarbeiten „zusammengemischt" werden müssen – zumeist handelt es sich um zwei Komponenten. Wie genau das geht, steht auf der Verpackung.

✔ Beim Kleben kommt es nicht so sehr darauf an, die zu verbindenden Teile möglichst fest gegeneinder zu drücken. Viel wichtiger ist, dass sie während des Antrocknens nicht verrutschen, das dauert meist zwischen 5 und 25 Minuten.

✔ Klebestellen sind erst nach dem kompletten Austrocknen des Klebers voll belastbar. Fast alle Klebstoffe sind erst nach 24 Stunden ausgehärtet – das gilt übrigens auch für Sekundenkleber.

Quillt Klebstoff beim Verbinden der Teile an den Nähten heraus, lässt man ihn zunächst vollständig aushärten. Abwischen macht in der Regel keinen Sinn. Der ausgehärtete, überschüssige Kleber wird dann abgeschabt oder abgekratzt, beispielsweise mit einem Cuttermesser.

Wenn Klebstoff – vor allem Sekudenkleber – an die Finger geraten ist, taucht man diese am besten sofort in eine Schale warmes Wasser mit Spülmittel. Dabei dann die Fingerkuppen so lange gegeneinander reiben, bis sich der Klebstoff von der Haut gelöst hat.

DIESES KAPITEL ZEIGT,
WIE MAN SCHNELL UND
EINFACH DIE
WICHTIGSTEN
REPARATUREN RUND
UMS WASSER,
DIE ELEKTRIK UND
DIE HEIZUNG SELBST
ERLEDIGEN KANN.
ZUDEM VERMITTELT ES
BASISINFORMA-
TIONEN ZU STROM UND
LEUCHTMITTELN.

Tropfender Wasserhahn

👍 ist gar nicht so schwer

🕐 in 1/2 Stunde erledigt

💵 spart den Installateur

Tropfende Wasserhähne gehen zu Lasten von Geldbeutel und Umwelt. Dabei ist es nicht schwer, sie zu reparieren: Man benötigt nur wenig Werkzeug und der Zeitaufwand beträgt nicht mal eine halbe Stunde.

EINE DICHTUNG ERNEUERN

MAN BRAUCHT

⚒ Schraubendrher

⚒ Rohrzange oder

⚒ Gabelschlüssel
   (in der Regel
   17er)

🧺 Steckschlüssel

🧺 neue Dichtung

Achtung: Vor Beginn der Reparatur unbedingt die Wasserzufuhr abdrehen! (siehe Seite 24 oben)

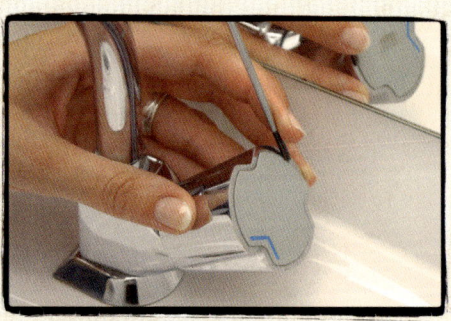

1 Die Dichtung sitzt im Bediengriff der Armatur. Dieser ist bei vielen Armaturen nur aufgesteckt und kann durch kräftiges Ziehen einfach entfernt werden. Bei manchen Armaturen ist der Bediengriff aber durch eine Schraube gesichert. Um diese zu lösen, muss zunächst die Abdeckkappe abgewinkelt werden. Dazu benutzen Sie einen kleinen Schraubenzieher. Arbeiten Sie vorsichtig – andernfalls entstehen hässliche Kratzer.

WASSERHAHN ODER EINHEBELMISCHER?

Beim Reparieren kommt es darauf an, um was für einen Wasserhahn es sich handelt:

KLASSISCHER HAHN

Beim klassischen Wasserhahn, der tropft, muss eine herkömmliche, preiswerte Dichtung getauscht werden.

EINHEBELMISCHER

Die moderne Variante ist der Einhebelmischer. Wenn er tropft, muss eine teure Kartusche eingesetzt werden. Beides kann man selber machen.

2 Nach dem Abwinkeln der Abdeckung ist die Schraube gut sichtbar. Sie sitzt mittig in dem Bediengriff. Je nachdem, um welche Armatur es sich handelt, ist zum Lösen entweder ein Kreuzschlitz- oder ein Schlitzschraubenzieher erforderlich.

3 Jetzt kann der Bediengriff abgezogen werden. Er sitzt meist sehr fest auf dem Ventilkörper – hier ist also kräftiges Ziehen gefragt.

Wenn sich der Bediengriff nicht ohne weiteres abziehen lässt, kann man ihn vorsichtig unten an der Armatur mit einem Schlitzschraubendreher abwinkeln.

▸

WASSER ABDREHEN

Vor dem Reparieren eines Wasserhahns oder Einhebelmischers muss unbedingt das Wasser abgedreht werden. Dazu gibt es zwei Möglichkeiten:

ECKVENTIL SCHLIESSEN

Die Wasseranschlüsse in der Wand nennt man Eckventile. Sie befinden sich meistens direkt unterhalb des Waschtisches oder der Spüle. Man kann sie an dem kleinen Griff zudrehen.

HAUPTHAHN ZUDREHEN

Alternativ kann man auch die gesamte Wasserzufuhr unterbrechen. Dazu dreht man den Haupthahn der Wasserversorgung (direkt neben der Wasserzufuhr) zu. Dann fließt allerdings nirgendwo mehr Wasser.

4 Jetzt liegt der Ventilkörper frei. Oben lässt sich eine Sechskant-Schraubverbindung erkennen. Diese Verbindung löst man mit einem entsprechenden Gabel- oder Ringschlüssel (in der Regel eine 17er-Größe).

Wenn man die Verbindung gelöst hat, lässt sich der Ventilkörper aus der Armatur ziehen.

5 Die dicke schwarze Dichtung unten am Ventilkörper ist mit einer Mutter gesichert, die mit einem passenden Steckschlüssel gelöst werden kann.

Jetzt kann man die alte Dichtung abziehen und durch eine neue ersetzen. Danach wird die Armatur in umgekehrter Reihenfolge wieder zusammengesetzt.

DICHTUNGEN

Für Reparaturen aller Art an undichten Armaturen oder den Wasserzu- bzw. -ableitungen ist es sinnvoll, ein preiswertes Sortiment mit verschiedensten Dichtungen zur Hand zu haben. In einem solchen Dichtungssatz ist mit großer Wahrscheinlichkeit genau die Dichtung zu finden, die man für die Reparatur benötigt. Andernfalls muss man mit der defekten Dichtung ins Fachgeschäft gehen, um genau diese nachkaufen zu können. Und nicht selten ist die einzelne Dichtung fast genauso teuer wie ein umfangreicher Dichtungssatz.

KARTUSCHE WECHSELN

1 Die Kartusche befindet sich im breiten Kopf der Armatur. Zum Wechseln wird diese von oben geöffnet. Bei den meisten Einhebelmischern befindet sich oben eine Abdeckkappe, die man zunächst mit einem kleinen Schraubenzieher abwinkelt – eine entsprechende Vertiefung befindet sich auf der Rückseite des Armaturenkopfs.

2 Nach dem Entfernen der Abdeckung liegt die Halterung des Bedienhebels frei. Dieser wird meistens von einer Schraube gehalten, die abgeschraubt werden muss. Danach lässt sich der Hebel abziehen. Achten Sie darauf, dass dabei eventuell vorhandene Unterlegscheiben nicht verloren gehen.

▶

KARTUSCHE KAUFEN

Bei der Reparatur eines Einhebelmischers empfiehlt es sich, Originalersatzteile zu verwenden. Da es sehr viele verschiedene Kartuschen gibt, besteht andernfalls das Risiko, dass das Ersatzteil nicht genau passt und der Mischer dann anschließend leckt.

Beim Kauf gilt es, die genaue Typen- und Herstellernummer der Armatur benennen zu können. Wenn Sie die Modellbezeichnung Ihrer Armatur nicht kennen, sollten Sie beim Kauf des Neuteils die alte Kartusche als Muster vorzeigen können.

Bei einigen Markenprodukten ist es möglich, die keramische Scheibe auszutauschen, die in der Kartusche die Dichtigkeit gewährleistet. Dies ist allerdings nur eine Aufgabe für den Fachmann.

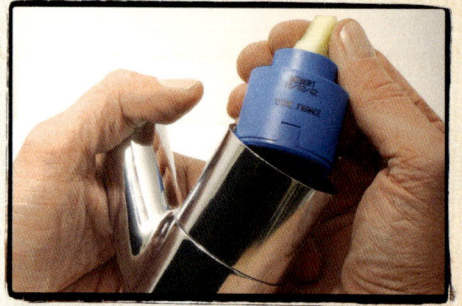

3 Jetzt kann die Kartusche ausgebaut werden. Sie wird von einem großen Spritzguss- oder Messingkopf gehalten. Zum Abschrauben können Sie entweder eine Rohrzange oder einen passend großen Gabelschlüssel verwenden.

4 Nach dem Abschrauben der Halterung kann die Kartusche aus der Armatur herausgezogen werden.

Ist die neue Kartusche eingesetzt, wird der Einhebelmischer in umgekehrter Reihenfolge wieder zusammengebaut. Achten Sie darauf, dass Sie die Schrauben und Halterungen fest anziehen.

Undichte Anschlüsse

Leckagen entstehen meist an Anschlüssen. Oft reicht es, die Verbindungen mit einer Rohrzange wieder fest anzuziehen. Manchmal muss man aber die Dichtung erneuern.

👍 geht eigentlich ganz einfach

🕐 in 1/2 Stunde erledigt

💵 spart den Installateur

MAN BRAUCHT

🔧 Rohrzange oder Gabelschlüssel

🔧 evtl. Schere

🧺 Quetschverbindung oder Teflonband

QUETSCHVERBINDUNG ERNEUERN

1 Die dünnen silbernen Wasserleitungen sind mit sogenannten Quetschverbindungen angeschlossen. Zum Abdichten tauscht man am besten die komplette Quetschverbindung aus.

Achtung: Vor Beginn der Reparatur unbedingt die Wasserzufuhr abdrehen! (siehe Seite 24 oben)

2 Die Quetschverbindung ist nur aufgeschraubt. Nach dem Lösen mit einem Gabelschlüssel oder einer Rohrzange kann man das Röhrchen aus dem Anschluss ziehen. Die Quetschverbindung wird einfach abgezogen. Beim Aufziehen der neuen ist auf den richtigen Sitz der Dichtungen zu achten. Abschließend das Röhrchen wieder einstecken und die Verbindung fest anziehen.

ABDICHTEN MIT TEFLONBAND

Wenn etwas in einem Wasserkreislauf leckt, liegt dies nur in den seltensten Fällen an Rost oder beschädigten Teilen. Vielmehr sind es die Schnittstellen von einzelnen Elementen, die nicht dicht sind. Innerhalb eines Rohrsystems sind diese verlötet oder verschraubt. Bei undichten Lötstellen muss ein Profi ran – bei undichten Verschraubungen hingegen kann man selbst Abhilfe schaffen.

Solche Verschraubungen finden sich beispielsweise bei Eckventilen (siehe auch Seite 32) oder auch bei Wasseranschlüssen und Pumpen im Garten. Früher dichtete man diese Verschraubungen mit Hanf und Dichtpaste ab, heute setzt man dafür Teflonband ein. Es wird wie ein Klebeband einfach um die Verschraubung gewickelt. Bei Reparaturen muss man zuvor altes Band oder andere alte Dichtmasse vollständig entfernen. Andernfalls gelingt es nur selten, die leckgeschlagene Stelle abzudichten.

SCHRAUBVERBINDUNG ABDICHTEN

1 Nach dem Entfernen des alten Dichtmaterials umwickeln Sie das Schraubgewinde mit Teflonband. Wichtig: Das Band in Schraubrichtung – also nach rechts herum – aufwickeln. Ansonsten löst es sich beim Eindrehen.

Achtung: Vor Beginn der Reparatur unbedingt die Wasserzufuhr abdrehen! (siehe Seite 24 oben)

2 Das Band wird in mehreren Lagen um das Schraubgewinde gewickelt, so dass es gut dichten kann. Beim Eindrehen in das Gegenstück von Hand muss ein deutlicher Widerstand zu spüren sein – ansonsten reicht die Bandstärke nicht aus, um die Verbindung abzudichten. Abschließend zieht man die Verbindung mit einer Rohrzange fest an.

Neue Armatur montieren

Armaturen werden nur mit einer Mutter befestigt, die allerdings von unten fest angezogen werden muss. Das klingt oft leichter als getan. Der Wasseranschluss hingegen ist einfach.

👍 *das Befestigen ist nicht einfach*

⏱ *in 1 Stunde erledigt*

💵 *spart den Installateur*

MAN BRAUCHT

🔧 *verschieden große Gabelschlüssel*

🧺 *Armatur mit Dichtungen*

ARMATUR MONTIEREN

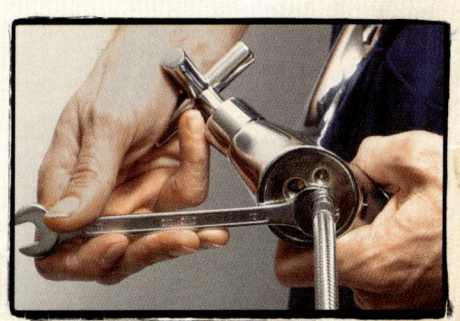

1 Vor dem Einbau wird die Armatur vormoniert. Dazu gehört vor allem das Eindrehen der mitgelieferten flexiblen Wasserschläuche in die Armatur.

2 Die Schläuche dreht man von Hand ein und zieht sie dann mit einem Gabelschlüssel fest. Zusätzliche Dichtungen sind meistens nicht erforderlich, da sich an den Schraubgewinden der Schläuche dichtende Gummis befinden.

 Achtung: Vor Beginn der Reparatur unbedingt die Wasserzufuhr abdrehen! (siehe Seite 24 oben)

HOCH- UND NIEDERDRUCKAMARTUREN

Alle Markenarmaturen gibt es in zwei Ausführungen: als Hochdruck- (links) und als Niederdruckarmatur (rechts). Welche

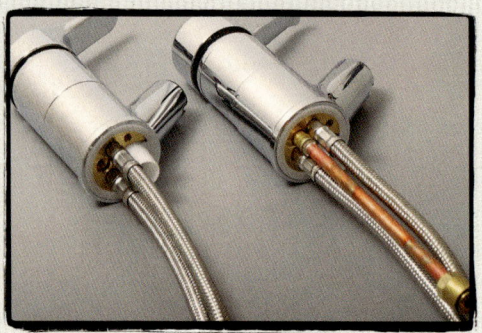

der beiden Varianten man benötigt, hängt vom Warmwasseranschluss ab. Erfolgt die Warmwasseraufbereitung zentral oder über einen Durchlauferhitzer, wird eine Hochdruckarmatur angeschlossen. Nur beim Betrieb eines Untertischgerätes benötigt man eine Niederdruckarmatur. Bei ihr wird das Kaltwasser zunächst zur Armatur geführt. Von dort gehen zwei Schläuche für Vor- und Rücklauf zum Untertischgerät. Das Hochdruckgerät hingegen hat nur zwei Wasseranschlüsse, die direkt mit den Eckventilen oder aber mit Kaltwassereckventil und Warmwasserausgang des Druchlauferhitzers verbunden werden.

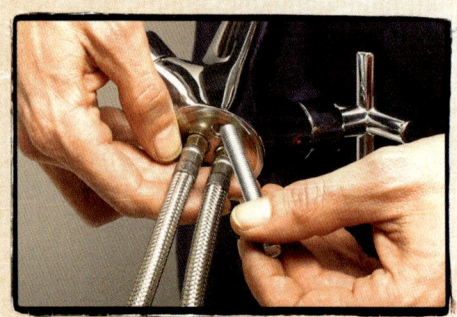

3 Im nächsten Schritt wird die kleine Gewindestange, die später zum Befestigen der Armatur dient, bis zum Anschlag eingedreht.

Zum Lieferumfang gehört eine Dichtung, die unter die Armatur passt. Mit dieser Dichtung wird die Armatur jetzt auf den Waschtisch so aufgesetzt, dass Schläuche und Gewindestange durch die Lochbohrung gelangen.

4 Im nächsten Schritt wird von unten eine Dichtung gegengesetzt. Sie ist so geformt, dass sie einerseits durch ein kleines Loch auf die Gewindestange geschoben, andrerseits aber an den Schläuchen vorbeigeführt werden kann.

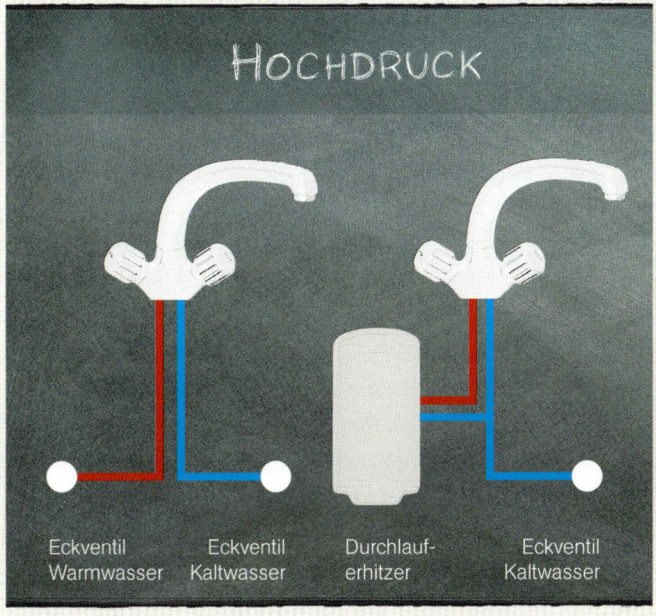

HOCHDRUCK

| Eckventil Warmwasser | Eckventil Kaltwasser | Durchlauf-erhitzer | Eckventil Kaltwasser |

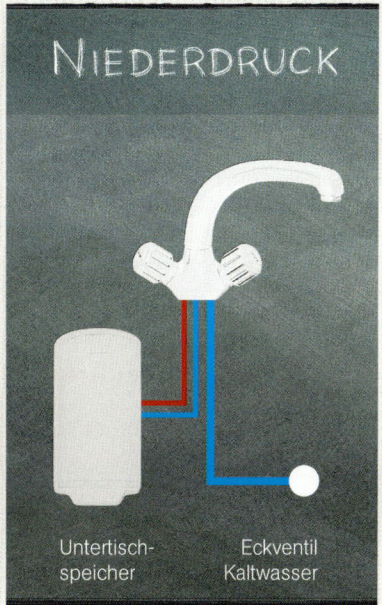

NIEDERDRUCK

| Untertisch-speicher | Eckventil Kaltwasser |

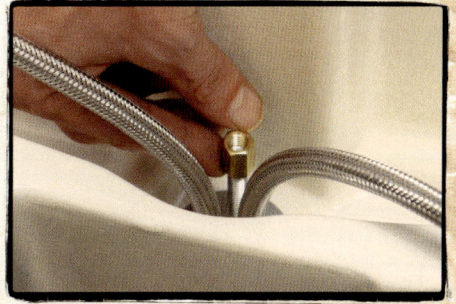

5 Die Platte, die die Armatur fest an ihrem Ort hält, weist die gleiche Form auf und wird ebenfalls über die Gewindestange geschoben. Dann richtet man Dichtung und Platte so aus, dass sie übereinander sitzen.

6 Jetzt wird die Platte mit der mitgelieferten Mutter festgeschraubt. Diese dreht man zunächst so weit es geht von Hand auf die Gewindestange. Fest gezogen wird die Mutter mit einem Gabelschlüssel. Da dabei die Wasserschläuche im Weg sind, gestaltet sich dies in der Regel relativ schwierig. Wenn man die Armatur nicht fest bekommt, kann man immer noch einen Profi um Hilfe bitten.

Defektes Eckventil ersetzen

- 👍 keine große Sache
- ⏱ in 1/2 Stunde erledigt
- 💰 spart den Installateur

Im Laufe vieler Jahre können Eckventile Schaden nehmen, sei es, dass sie zu viel Kalk ansetzen oder sei es, dass sie sich nicht mehr öffnen oder schließen lassen. Der Austausch gestaltet sich relativ einfach.

NEUES ECKVENTIL MONTIEREN

MAN BRAUCHT

- 🔧 Gabelschlüssel (zum Lösen der Anschlüsse) oder
- 🔧 Rohrzange
- 🧺 neues Eckventil
- 🧺 Teflonband

 **Achtung:** Vor Beginn der Reparatur unbedingt die Wasserzufuhr am Hauptabsperrventil unterbrechen! (siehe Seite 24 oben)

1 Leckt das Absperrventil, unterbrechen Sie zunächst die Wasserzufuhr am Hauptabsperrventil. Dann lösen Sie die Verbindung zur Armatur.

Jetzt lösen Sie das Absperrventil zunächst mit der Rohrzange und schrauben es dann von Hand aus der Wand.

WASSERANSCHLUSS HERSTELLEN

Zum Lieferumfang der meisten Armaturen zählen heute flexible Anschlussschläuche. Sie weisen ein Schraubgewinde auf, das zusammen mit der mitgelieferten Dichtung zunächst von Hand auf das Eckventil aufgeschraubt wird. Damit der Anschluss dicht wird, zieht man die Verbindung dann mit einem Gabelschlüssel fest. Wenn der Schlauch zu kurz sein sollte, setzt man eine flexible Verlängerung ein, die der Handel in unterschiedlichen Längen führt.

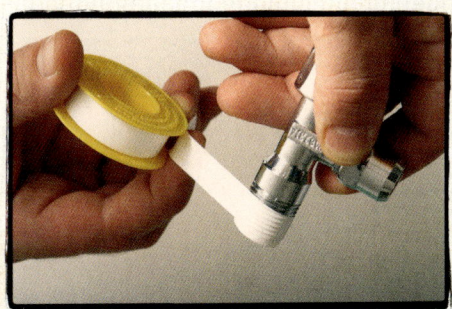

2 Das Eckventil wird mit Teflonband abgedichtet (siehe auch Seite 28). Dazu wird das Schraubgewinde mehrfach mit dem Dichtungsband umwickelt. In der Regel reichen fünf Umwicklungen aus.

3 Dann drehen Sie das Absperrventil von Hand wieder ein. Dabei muss ein deutlicher Widerstand zu spüren sein – ansonsten haben Sie nicht ausreichend umwickelt. Zuvor muss man natürlich noch die Rosette, die das Loch in der Wand verdeckt, aufsetzen.

Abschließend das Ventil mit der Rohrzange festziehen und die Armatur wieder anschließen.

Verstopften Abfluss wieder frei bekommen

👍 Erfolg ist ungewiss
🕐 erfodert Geduld
💰 spart den Installateur

Wenn das Wasser nicht mehr richtig abfließt, sollten Sie zunächst den Siphon reinigen (siehe Seite 34). Wenn das keinen Erfolg bringt, können Sie versuchen, das Abflussrohr mit Gummiglocke oder Spirale frei zu bekommen.

GUMMIGLOCKE

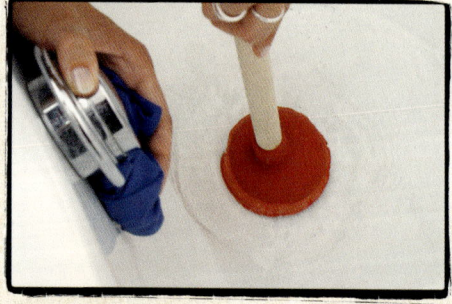

1 Durch das Aufdrücken der Glocke auf den Abfluss werden Abwasser und Luft im Abflussrohr verdichtet. Wenn Sie die Glocke wieder abziehen, entsteht im Rohr ein Unterdruck. Durch den Druckaufbau und den Druckabfall löst sich die Verstopfung. Je schlagartiger sich dies vollzieht, desto höher ist die Erfolgsaussicht. Den Vorgang muss man in der Regel mehrfach wiederholen.

2 Damit das Ganze funktioniert, ist es unabdingbar, dass die Gummiglocke den Abfluss luftdicht verschließt und Luft oder Wasser auch sonst nicht entweichen können. Deshalb muss ein eventueller Überlauf zugehalten werden – am besten mit einem nassen Tuch. Achten Sie beim Ansetzen darauf, dass die Gummiglocke möglichst genau über dem Abfluss sitzt.

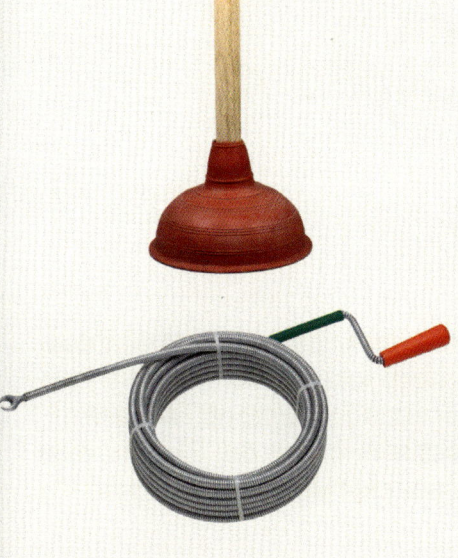

CHEMISCHE REINIGER

Der Handel bietet eine ganze Reihe chemischer Produkte an, die meistens verdünnt in den Abfluss gegeben werden und dann die Stoffe, die das Rohr verstopfen, zersetzen. Diese Mittel sind sehr aggressiv und so nur bedingt umweltfreundlich. Deshalb gilt: Wenn möglich, sollten Sie immer erst versuchen, die Verstopfung mit mechanischen Mitteln zu lösen – nämlich mit Gummiglocke und Spirale. Wenn das nicht hilft, ist meist der richtige Weg, einen Profi mit der Reinigung zu beauftragen.

SPIRALE

1 Die Spirale ist bei besonders fest sitzenden Verstopfungen von Abflüssen und zum Reinigen eines WCs das richtige Werkzeug. Der lange, spiralförmig gewickelte Draht wird zunächst durch den Abfluss in das Rohr eingeführt. Die Spirale wird nun so weit eingeschoben, bis Sie die verstopfte Stelle erreichen.

2 Haben Sie die verstopfte Stelle erreicht, benutzen Sie die Spirale wie einen Bohrer: Durch Vor- und Zurückdrehen des Handgriffs gräbt die Spirale ein kleines Loch. Wenn das Wasser wieder abfliesst wird kräftig mit klarem Wasser nachgespült und mit der Spirale weiter «gegraben», bis das Rohr wieder komplett frei ist.

Verstopften Siphon reinigen

👍 *geht ganz ganz einfach*

🕐 *ist im Nu erledigt*

💸 *kostet nur Zeit*

Ob in Küche, Bad oder Gäste-WC: Wenn das Wasser im Waschbecken nicht abfließt, ist meist nur der Siphon verstopft. Abhilfe können Sie selbst schaffen – der Siphon lässt sich mit ein paar Handgriffen reinigen.

SIPHON REINIGEN

1 Die einzelnen Röhrenteile des Siphons sind durch Verschraubungen miteinander verbunden. Um den Siphon reinigen zu können, müssen diese gelöst werden. Dazu benötigen Sie eine Rohrzange. Einfacher lassen sich die Röhren mit speziellen Siphonzangen aufschrauben. Es empfiehlt sich, einen Eimer zum Auffangen von Schmutzwasser unterzustellen.

2 Nachdem Sie die Verschraubungen gelockert haben, können Sie diese von Hand ganz lösen und den Siphon abmontieren. Schütten Sie das Restwasser in den Auffangeimer.

GERUCHSVERSCHLUSS

Ein Siphon verhindert, dass üble Gerüche aus dem Abwasserkanal in die Wohnung gelangen. In der Biegung des Siphons steht immer etwas Wasser, das keine Luft durchlässt. Deshalb bezeichnet man den Siphon auch als Geruchsverschluss. Das System hat nur den kleinen Nachteil, dass die Biegung schnell verunreinigt.

MAN BRAUCHT

- ✗ Rohr- oder Siphonzange
- ✗ Schraubendreher oder Draht oder Flaschenbürste
- ✗ Eimer

3 Jetzt kann die eigentliche Reinigung beginnen. Mit einem Schraubendreher oder auch einem Stück Draht lässt sich fest sitzender Schmutz aus der Halbkreisröhre entfernen. Alternativ kann man eine Flaschenbürste verwenden. Arbeiten Sie dabei sorgfältig: Je gründlicher der Siphon gereinigt wird, desto besser fließt das Wasser ab.

4 Der gereinigte Siphon wird jetzt wieder montiert. Dazu verbinden Sie den Siphon von Hand mit den anderen Rohren. Abschließend ziehen Sie mit der Rohrzange die Verschraubungen fest an. Beim Anbringen des Siphons sollten Sie darauf achten, dass alle Dichtungen korrekt sitzen. Dies überprüfen Sie am besten, bevor Sie den Eimer entfernen.

Neuer Edelstahlablauf fürs Waschbecken

- 👍 ist gar nicht so schwer
- ⏱ in 1 Stunde erledigt
- 💵 spart den Installateur

Manchmal reicht es nicht mehr aus, den Siphon des Waschbeckens zu reinigen. Spätestens wenn die Verschraubungen nicht mehr dicht halten, sollte ein neuer Edelstahlablauf montiert werden.

NEUEN ABLAUF MONTIEREN

1 Die Rohrstücke des Siphons werden mit einer Überwurfmutter verschraubt. Diese wird als Erstes auf das Rohr gesteckt.

Die Rohrstücke müssen gegebenenfalls gekürzt werden. Dazu benutzt man eine Puk- oder eine Metallsäge.

2 Damit nichts leckt, wird vor dem Verschrauben mit dem Gegenstück eine Dichtung aufgeschoben. Sollte sich diese nicht so einfach aufschieben lassen, kann man sie innen mit Spülmittel einreiben, das wirkt wie ein Schmierstoff.

Man Braucht

🔧 Rohrzange oder spezielle Siphonzange

🔧 evtl. Puk- oder Metallsäge

🧺 Edelstahlablauf

🧺 Dichtung

3 Zum Fixieren dreht man die Überwurfmutter zunächst mit der Hand auf. Dann wird sie mit einer Rohrzange fest angezogen. Damit die Mutter dabei nicht verkratzt, können Sie zum Schutz ein schmales Stück Schwammtuch zwischen Zange und Mutter legen.

4 Der Siphon wird einfach in das Abflussrohr in der Wand geschoben. Ein breiter Dichtungsring sorgt nicht nur dafür, dass kein Schmutzwasser austritt, sondern auch, dass der Siphon fest sitzt. Er gehört nicht zum Lieferumfang des Siphons. Beim Siphontausch empfiehlt es sich, auch diese Dichtung zu erneuern.

5 Bevor man den Siphon in den Ablauf steckt, sollte man unbedingt die zugehörige Rosette über die Wandöffnung stülpen. Die Rosette wird nicht gesondert befestigt, da sie vom Siphonrohr in Position gehalten wird.

Neue Ablaufgarnitur fürs Waschbecken

👍 nicht ganz so einfach

🕐 in 1 Stunde erledigt

💰 spart den Installateur

Wenn man schon den Siphon erneuert, kann man auch gleich den Ventilkelch mit wechseln. So bezeichnet der Fachmann den Abfluss. Komplizierter wird es nur, wenn auch ein Gestänge mitmontiert werden muss.

VENTILKELCH ERNEUERN

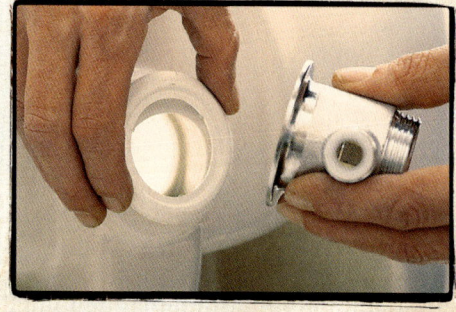

1 Eine Edelstahl-Ablaufgarnitur für den Waschtisch besteht aus vier Teilen: Dem Ventilkelch, der von oben mit einer zugehörigen Dichtung eingesetzt wird und dem Anschlussstück, das von unten ebenfalls mit einer Dichtung gegengeschraubt wird. Zunächst setzen Sie von oben den Ventilkelch mit der Dichtung in das Abflussloch des Waschtisches.

2 Dann halten Sie mit der einen Hand von unten das Abflussstück mit aufgesetzter Dichtung an das Loch im Waschbecken und schrauben von oben den Ventilkelch fest.

3 Für eine sichere Verbindung fixieren Sie abschließend den Ventilkelch durch Drücken von oben bei gleichzeitigem Schrauben von unten.

MAN BRAUCHT

🔧 evtl. Rohrzange zum Festziehen des Ventilkelchs

🔧 evtl. Spitzzange für die Montage des Gestänges

🧺 Ablaufgarnitur

GESTÄNGE ANBRINGEN

4 Bei vielen Waschbecken kann man durch Ziehen an einem kleinen Griff hinter der Armatur den Ablauf verschließen. Dazu wird ein Gestänge montiert. Zunächst führt man die Bedienstange von oben durch die Armatur.

5 Von unten werden dann verschiedene weitere Stangen miteinander verschraubt. Die genaue Konstruktion ist von Ablauf zu Ablauf unterschiedlich. Wie was verbunden wird, zeigt die Beschreibung der Garnitur auf. Da die Stangen gegeneinander verschoben werden können, kann man das Gestänge auf jeden Waschtisch hin individuell anpassen.

Neue Ablaufgarnitur für die Spüle

- 👍 erfordert Konzentration
- 🕐 braucht seine Zeit
- 💵 spart den Installateur

Der Siphon einer Küchenspüle besteht aus vielen einzelnen Teilen. Die Montage ist relativ einfach: Die einzelnen Teile werden nur miteinander verschraubt. Die Schwierigkeit besteht darin, alles richtig zusammenzufügen.

ABLAUFGARNITUR MONTIEREN

1 Sie beginnen mit der Montage der Wasserabläufe am Spülbecken. Hier müssen Sie zwischen dem eigentlichen Abfluss und dem Überlauf unterscheiden. Für die Montage des Abflusses legen Sie zunächst den großen breiten Gummiring in das Abflussrohr.

2 Das Abflussrohr wird von unten gegen die Abflussöffnung gedrückt. Von oben setzen Sie den so genannten Ventilkelch ein, durch den das Wasser in der Spüle abfließt.

MAN BRAUCHT

- ✂ Rohrzange
- ✂ Schlitzschrauben-
  dreher
- ✂ evtl. Haushaltssäge
  zum Kürzen des flexi-
  blen Abwasserschlauchs

- 🧺 Ablaufgarnitur mit
  allen erforderlichen
  Dichtungen

3 Der Ventilkelch wird dann von oben mit dem Abflussrohr verschraubt. Die Schraube sollte fest angezogen werden – nur dann ist der Abfluss dicht. Beim Anschrauben müssen Sie darauf achten, dass das Rohr mitsamt der Gummidichtung exakt mittig unter dem Ventilkelch sitzt.

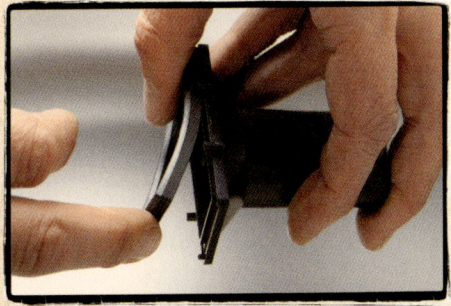

4 Auch für den meist quadratischen Überlauf liegt der Garnitur ein entsprechender Abflussanschluss bei. Auch hier setzen Sie zunächst die passende Dichtung auf das Anschlussstück.

5 Dieses Anschlussstück wird ebenfalls von oben verschraubt. Die Montage eines Ventilkelchs ist hier meist nicht erforderlich – die Spüle ist in der Regel entsprechend ausgestanzt. Achten Sie bei der Montage wiederum darauf, dass das Anschlussstück von unten exakt mittig sitzt und die Schraube fest angezogen wird.

▶

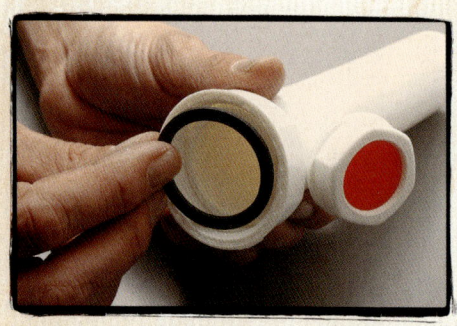

6 Die einzelnen Rohre der Garnitur werden einfach ineinander
gesteckt und dann verschraubt.
Zunächst legen Sie in die Überwurfmutter die passende Gummidichtung ein.

7 Für die Abdichtung ist zudem ein
breiterer, konischer Dichtring erforderlich, den Sie auf das Rohr stecken. Achten Sie darauf, dass Sie
den Dichtungsring mit der breiten
Seite voran auf das Rohr montieren. Das Rohr schieben Sie nun in
das Gegenstück ein und drücken
den Dichtring dabei, soweit es
geht, in den Spalt zwischen Rohr
und Gegenstück.

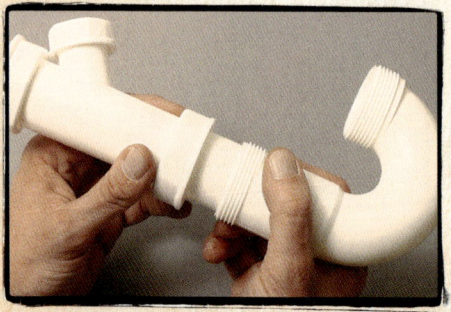

8 Dann ziehen Sie die Überwurfmutter mit der Hand an.
Abschließend drehen Sie die
Überwurfmutter mit einer Rohrzange fest.

9 Bei den meisten Ablaufgarnituren
gibt es eine Anschlussmöglich-
keit für den Abwasserschlauch
der Spülmaschine. Wenn dieser
nicht benötigt wird, muss der
Anschluss mit dem beiliegenden
Blindstopfen dicht verschlossen
werden. Der Stopfen wird in die
entsprechende Überwurfmutter
gelegt und diese dann an dem
Ablaufrohr festgedreht.

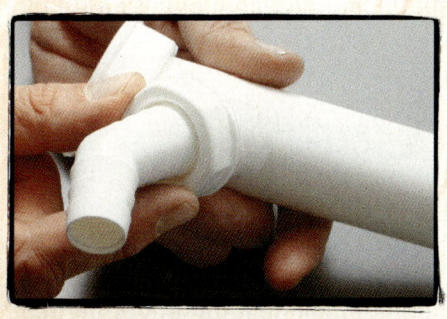

10 Wollen Sie einen Geschirrspüler anschließen, wird statt des Blindstopfens das entsprechende Anschlussstück montiert. Der Schlauch wird anschließend auf das Anschlussstück gesteckt. Für den sicheren Anschluss montieren Sie eine Rohrschelle, die nicht zum Lieferumfang der Garnitur zählt.

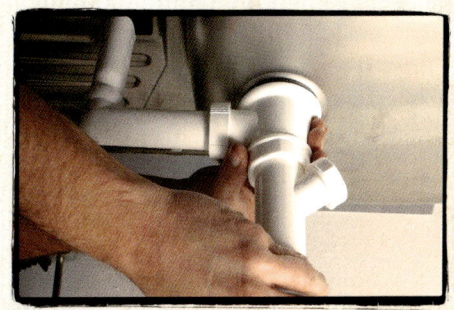

11 Jetzt wird die vormontierte Ablaufgarnitur an den Abflüssen verschraubt. Achten Sie dabei darauf, dass die Teile nicht verkanten und die Überwurfmuttern fest angezogen werden.

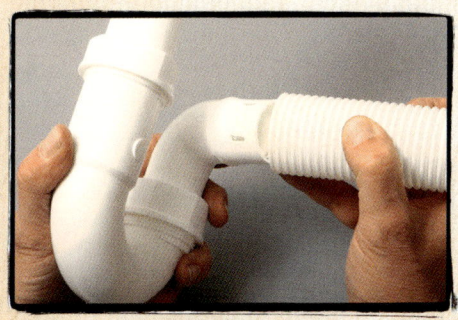

12 Abschließend montieren Sie den flexiblen Schlauch, der die Garnitur mit dem Abwasseranschluss in der Wand verbindet. Der Schlauch wird auf die Garnitur einfach nur aufgesteckt. Falls nötig, können Sie ihn mit einer Haushaltssäge auf die benötigte Länge kürzen.

13 Das breite Ende des Abwasserschlauchs wird in die Abwasseröffnung der Wand geschoben. Den Schlauch dabei möglichst weit einschieben und darauf achten, dass die Gummidichtung in der Wand den Schlauch fest umschließt.

WC-Sitz befestigen oder erneuern

👍 ist nicht schwer

🕐 in kurzer Zeit erledigt

💰 evtl. neuer WC-Sitz

Die Verschraubungen eines Toilettensitzes unterliegen im Laufe der Zeit erheblichen Beanspruchungen und können sich deshalb leicht lockern. Das Nachziehen der Plastikschrauben ist leicht – und auch das Montieren eines neuen Sitzes gestaltet sich einfach.

WC-Sitz erneuern

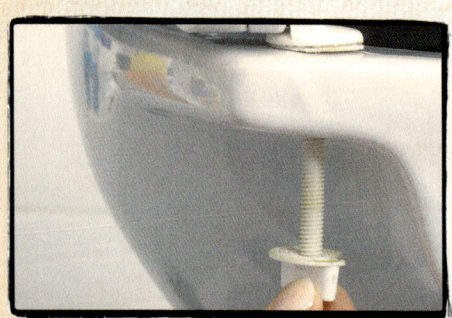
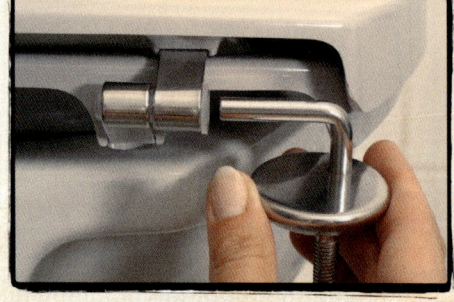

1 Der WC-Sitz wird hinten von unten links und rechts je mit einer Plastikschraube gehalten. Wenn der Sitz wackelt, haben sich diese gelockert. Dann müssen sie lediglich neu angezogen werden. Dies ist nur deshalb nicht ganz einfach, weil die Schrauben schwer zu erreichen sind. Sie ziehen diese zunächst von Hand und dann mit einer Zange fest.

2 Für den Einbau eines neuen Sitzes lösen Sie die alten Schrauben und können den kompletten Sitz dann einfach abnehmen. Abdeckung und Brille des neuen Sitzes müssen Sie zunächst vormontieren: Dazu werden die Teile zunächst übereinander gelegt sowie dann links und rechts je in die Halterungen eingeschoben.

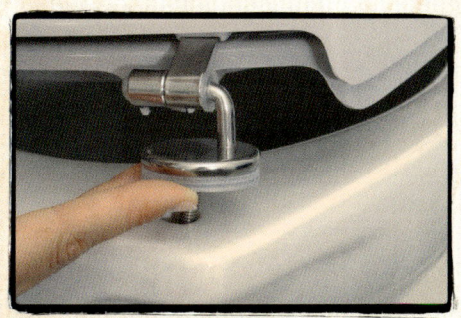

3 Bevor Sie die Verschraubungen durch die Bohrlöcher des WCs führen, setzen Sie den größeren Dichtungsring dazwischen. Führen Sie die Gewindestangen durch die Bohrlöcher und richten Sie den Sitz grundlegend aus.

MAN BRAUCHT

⚒ Spezialdreher (im Lieferumfang des Sitzes enthalten)

⚒ alternativ: Zange

🧺 eventuell neuer WC-Sitz

4 Der neue WC-Sitz muss nur noch von unten verschraubt werden. Auch hier wird ein entsprechender Dichtungsring zwischengesetzt. Der Sitz wird zunächst nur fixiert und dann ausgerichtet. Erst wenn die Brille perfekt auf den WC-Rand passt, schrauben Sie den Sitz fest.

5 Vielen hochwertigen WC-Sitzen liegt ein spezieller Schrauber bei. Dieser ist so geformt, dass er von unten über die Gewindestange bis zur Schraube reicht und so das Aufdrehen und Anziehen wesentlich erleichtert. Zum Festdrehen können Sie aber auch eine Zange – z. B. eine Rohrzange – verwenden.

Neuen Duschkopf montieren

👍 geht ganz einfach

🕐 ist im Nu erledigt

💸 spart den Installateur

Im Laufe der Jahre setzt sich Kalk im Dusch-kopf ab – irgendwann ist eine neue Brause fällig. Diese lässt sich kinderleicht montieren, ganz gleich, ob es sich um eine Massagebrau-se oder einen Standard-Duschkopf handelt.

DUSCHKOPF ERNEUERN

1 Zunächst wird der alte Brause-schlauch von der Armatur ent-fernt. Dazu mit einer Rohrzange (Wasserpumpenzange) die große Mutter vom Schlauch lösen. Dann die Mutter mit der Hand abdrehen und den alten Schlauch heraus-ziehen.

2 An den Wasseranschluss wird nun der neue Schlauch angelegt. Der Schlauch hat zwei unterschied-liche Enden. An den Wasseran-schluss gehört das breite Ende mit der großen Überwurfmutter. Zum Lieferumfang der Brause zählen verschiedene Dichtungen. Vor dem Festschrauben der Brau-se muss zunächst der größere Gummidichtring in die Überwurf-mutter gesteckt werden.

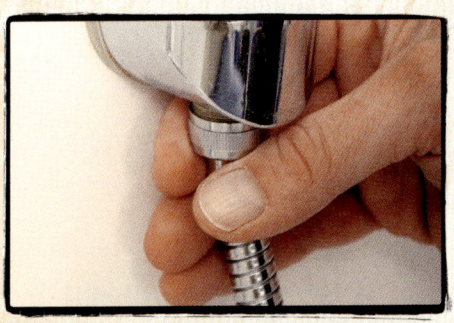

MAN BRAUCHT

✗ Rohrzange
✗ 17er Gabel-
   schlüssel
✗ Duschkopf mit
   Schlauch
✗ Klebeband

3 Den Schlauch am Wasseran-schluss festschrauben. Um sicherzustellen, dass die Verbindung dicht ist, sollten Sie nun mit der Wasserpumpenzange die Schraubverbindung nachziehen. Damit dabei nichts verkratzt, wird die Schlauchverbindung zuvor mit Abklebeband umwickelt.

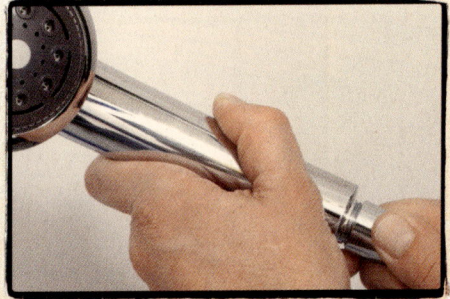

4 Nun wird die Brause am Schlauch montiert. Zum Lieferumfang gehört ein Durchlaufreduzierer, der zum Wassersparen beiträgt. Dieser wird in die Wasserzufuhr der Brause gelegt. Am Schlauch selbst wird die Dichtung eingesetzt. Es ist der kleinere der beiden mitgelieferten Gummidichtringe.

5 Abschließend drehen Sie den Schlauch auf die Brause. Das erledigen Sie zunächst von Hand. Um die Verbindung abzudichten, wird mit einem 17er Gabelschlüssel nachgezogen. Auch hier empfiehlt es sich, zum Schutz des Chroms die Verschraubung mit Klebeband abzukleben.

Heizkörper entlüften

👍 geht sehr einfach
🕐 im Nu erledigt
💸 kostet nichts

Zentralheizungen sind geschlossene Systeme, in denen Wasser zirkuliert. Manchmal gelangt trotzdem Luft in Rohre und Heizkörper. Dann werden die Heizkörper nicht mehr richtig warm und es empfiehlt sich, die Heizung zu entlüften.

HEIZKÖRPER ENTLÜFTEN

1 Damit eine Zentralheizung richtig entlüftet werden kann, sollten alle Thermostate zunächst voll aufgedreht werden. Am besten entlüften Sie alle Heizkörper – und nicht nur diejenigen, die nicht mehr vollflächig warm werden. Nur so können Sie am Ende sicher sein, dass sich keine Luft mehr im System befindet.

2 Heizkörper sind so konstruiert, dass sich in ihnen eingeschlossene Luft an einer Stelle ansammelt. Dort ist ein Ventil angebracht, über das die Luft entweichen kann. Der Auslass des Ventils ist verstellbar. Richten Sie ihn nach unten aus, damit Wasser, das nach dem Austreten der Luft nachläuft, nicht nach oben spritzt.

AUTOMATIKVENTIL

Gegenüber älteren Modellen haben moderne Zentralheizungen einen wesentlichen Vorteil: Bei ihnen ist es nicht mehr notwendig, nach dem Entlüften den Wasserdruck manuell zu regulieren. Sie verfügen über ein Druckausgleichsventil zwischen Wasseranschluss und Therme. Dieses sorgt automatisch dafür, dass bei Bedarf Wasser ins System nachläuft. Dadurch reguliert sich der Wasserdruck selbstständig. Auf einer Kontrollanzeige lässt sich mit einem Blick feststellen, ob das System fehlerfrei arbeitet. Ältere Systeme kann man entsprechend nachrüsten.

MAN BRAUCHT

- ✂ kleiner Schlitz-Schraubendreher
- ✂ oder Spezial-Schlüssel
- 🧺 leere Flasche oder Schüssel

3 Beim Entlüften halten Sie eine Flasche oder eine Schüssel unter den Auslass. Drehen Sie nun die Schraube des Entlüftungsventils mit einem Schraubendreher oder einem Spezialschlüssel auf. Meistens ist zuerst ein Zischgeräusch hörbar, dann fließt Wasser nach. Um den Heizkörper vollständig zu entlüften empfiehlt es sich, das Ventil erst wieder zu schließen, wenn das Wasser konstant fließt.

4 Nach dem Entlüften der Heizkörper kann auch im Rohrsystem der Heizung noch Luft eingeschlossen sein. Manchmal ist es daher notwendig, Systeme mehrmals zu entlüften. Weil dabei stets Wasser abläuft, sinkt der Wasserdruck im gesamten System. Deshalb sollten Sie nach der Entlüftung an der Therme so lange Wasser nachlaufen lassen, bis die Wasserdruckanzeige im grünen Bereich ist.

Neues Thermostat montieren

Wenn ein einzelner Heizkörper kalt bleibt, obwohl die Heizung an sich funktioniert, liegt dies an einem defekten Thermostat. Zunächst kann man versuchen, dieses wieder gängig zu machen – hilft das nicht, muss ein neues Thermostat eingebaut werden.

👍 *ist eigentlich einfach*
🕐 *Wechsel geht schnell*
💸 *Kosten fürs Thermostat*

THERMOSTAT GÄNGIG MACHEN ODE

1 Im Thermostat sitzt ein Ventil, das durch Drehen des Thermostatkopfs die Heißwasserzufuhr steuert. Bleibt die Heizung kalt, sitzt der Stift im Ventil fest. Dann kann man versuchen, das Ventil wieder gängig zu machen. Dazu schraubt man den Kopf ab. Er wird mit einer Überwurfmutter am Ventil gehalten. Zum Lösen benutzt man am besten eine Rohrzange.

2 Nach dem Lockern der Überwurfmutter können Sie die Verschraubung mit der Hand gänzlich lösen und dann den Thermostatkopf abnehmen. Jetzt ist der Stift im Ventil sichtbar. Greifen Sie mit der Rohrzange das herausstehende Ende und schieben Sie den Stift mehrfach vor und zurück. Wenn er wieder beweglich ist, schrauben Sie den Kopf wieder auf und fest – das Thermostat funktioniert wieder.

ELEKTRONISCHE THERMOSTATE

Statt der Standard-Thermostate können Sie auch elektronische einsetzen, die sich sehr genau steuern lassen. So können Sie beispielsweise eingeben, zu welcher Uhrzeit die Heizung welche Raumtemperatur erzeugen soll. Einige lassen sich auch per App steuern. Das Ganze ist energiesparend – die Thermostate sind allerdings teuer. Die elektronischen Temperaturwächter werden genauso montiert wie Standard-Thermostate.

MAN BRAUCHT

- ✂ Rohrzange
- ✂ evtl. Steck-, Ring- oder Gabelschlüssel
- 🧺 Thermostat

Achtung Verbrennungsgefahr: Nur an kalten Heizkörpern arbeiten!

...VECHSELN

3 Zeigt dies keinen Erfolg, muss das Ventil gewechselt werden. Dazu müssen Sie die Heizung abstellen und das gesamte Wasser ablassen. Dazu finden Sie meist an einem Heizkörper in Bad, Küche oder WC einen Auslass, an den ein Wasserschlauch angeschlossen werden kann. Nach dem Ablassen lösen Sie das Ventil mit einem 19er Schlüssel oder einer Rohrzange.

4 Jetzt können Sie das Ventil von Hand herausdrehen und gegen ein neues tauschen. Dann den Kopf wieder aufsetzen und die Heizung mit Wasser füllen. Vergessen Sie nicht, die Heizkörper zu entlüften (Seite 50).

Keine Angst vor Strom

Bei allen Arbeiten mit elektrischer Spannung, vor allem beim Umgang mit 230 Volt, besteht Lebensgefahr durch direkte Berührung spannungsführender Leiter. Doch das heißt noch lange nicht, dass Arbeiten an Lichtschaltern, Steckdosen oder Deckenauslässen lebensgefährlich sein müssen. Sie müssen nur folgende einfache Grundregeln beachten:

☑ Schalten Sie immer vor Beginn der Arbeiten an einem Stromkreis die entsprechenden Sicherungen im Sicherungskasten (Verteilerkasten) aus oder schrauben diese bei uralten Sicherungen heraus – dann fließt garantiert kein Strom mehr (siehe unten). Wenn man eine einzelne Sicherung ausschaltet, ist der Strom nur in einem bestimmten Bereich des Hausnetzes abgeschaltet.

☑ Testen Sie auf jeden Fall immer mit einem Spannungsprüfer, ob eventuell

SICHERUNG AUSSCHALTEN

Bei allen modernen Elektroinstallationen befinden sich die Sicherungen im Verteilerkasten. Es sind die schwarzen Kippschalter, die genau beschriftet sein müssten (z.B. „Wohnzimmer"). Ist der Schalter oben, fließt Strom, ist er unten, fließt keiner. Sollte die Beschriftung fehlen, probiert man so lange die Schalter durch, bis der richtige gefunden ist.

Zudem gibt es einen Schalter, der den gesamten Strom unterbricht, den so genannten FI-Schalter – er ist etwas breiter als die anderen Schalter und befindet sich meistens unten im Verteilerkasten. Wenn man ihn umlegt, ist man auf der besonders sicheren Seite, kann aber weder mit Elektrowerkzeugen arbeiten noch Licht anschalten.

trotz ausgedrehter Sicherung Strom fließt (siehe unten). Wenn nämlich die Installation unsachgemäß ausgeführt wurde oder Leitungen defekt sind, kann auch dann noch Gefahr bestehen, wenn die vermeintlich richtige Sicherung herausgenommen wurde. So ist beispielsweise nicht gesagt, dass an Steckdosen keine Spannung mehr anliegt, wenn die Leuchten im selben Raum keine Spannung mehr führen. Die können nämlich bei einer schlampigen Grundinstallation auch über eine andere Sicherung abgesichert sein.

♥ Bei Arbeiten an Leuchten oder deren Spannungszufuhr reicht es keinesfalls aus, die Spannungszufuhr allein durch Betätigung des Lichtschalters zu unterbrechen. Wenn Sie beispielsweise ein Leuchtmittel auswechseln wollen, ist es lebensgefährlich, die Leuchte nur über den Wandschalter „auszustellen". Möglicherweise unterbricht der Wechselschalter nämlich nicht die Spannungszufuhr über die 230 Volt führende Phase, sondern lediglich über den harmlosen Nullleiter (siehe Seite 56). An der Leuchte selbst liegen also weiterhin 230 Volt Spannung an.

♥ Kinder sollten Sie für die Dauer der Elektroarbeiten fern halten. Sie können die Gefahren von Strom nicht einschätzen.

♥ Hinterlassen Sie keine unfertigen Arbeiten und sorgen Sie bei einer Unterbrechung dafür, dass keine Adern oder Kabel offen liegen – diese können für Dritte lebensgefährlich sein.

♥ Setzen Sie nur neuwertiges Material ein; beschädigte Leitungen gehören so z. B. nicht verbaut, sondern auf den Müll.

SPANNUNG PRÜFEN

Ein Spannungsprüfer ist ein Gerät, das mit Hilfe von Leuchtdioden anzeigt, ob und wie viel Spannung anliegt. Es hat zwei metallene Spitzen, die man an die elektrischen Leiter (siehe Seite 56) anlegt. Fließt Strom, gehen die Leuchtdioden an. Ob Steckdosen Spannung führen, ermittelt man, in dem man die Spitzen in die Löcher steckt.

Bei offen liegenden Stromauslässen wie z. B. den Anschlusskabeln einer Deckenleuchte, werden die Spitzen des Spannungsprüfers an die blaue und die schwarze bzw. braune Ader gehalten. Wenn das Kabel mehr als drei Adern führt, sollte man alle erdenklichen Aderkombinationen durchtesten.

Basics: Hauselektrik

Licht in den eigenen vier Wänden: Das ist ohne Strom nicht denkbar. Um Leuchten anzuschließen und kleine Reparaturen an der Elektrik selbst auszuführen, reichen einfache Grundkenntnisse über Kabel, Adern und Anschlüsse. Folgendes ist wichtig:

Die Stromkabel, die im Haus Leuchten, Steckdosen und Schalter miteinander verbinden, führen mindestens folgende drei Adern:

PHASE
Sie führt die gefährliche 230-V-Spannung. Die Ader ist – richtig angeschlossen – schwarz oder braun. Die Kurzbezeichnung für die Phase, die sich auf Schaltern oder Elektrogeräten befindet, ist „L", „L1" oder „P".

NULLLEITER
Er ist bei richtigem Anschluss ungefährlich, weil er keine Spannung führt. Die Adern sind blau, die Kurzbezeichnung lautet „N".

SCHUTZLEITER
Die grün-gelbe Ader sorgt bei Kurzschlüssen dafür, dass die Hauptsicherung (FI) herausspringt und sich der Strom abstellt.

Standard ist, dass das Stromkabel drei oder fünf Adern führt. Wenn es mehr als die drei oben genannten Adern gibt, führen diese meistens Spannung. Man unterscheidet die festen, dicken Kabel zum Verlegen in Wand und Decke von den flexiblen, dünnen zum Anschluss von Elektrogeräten. Dünne Kabel dürfen nicht für die Installation in Wand oder Decke verwendet und nicht unter Putz gelegt werden.

Damit eine Leuchte oder ein Elektrogerät funktioniert, sind immer Phase und Nullleiter anzuschließen. Ein Lichtschalter (Fachbegriff: Aus- oder Wechselschalter) unterbricht die Spannungszufuhr der Phase. Aber auch wenn der Nullleiter unterbrochen wird, funktioniert eine Leuchte oder ein Gerät nicht mehr. Wenn also ein Gerät nicht mehr funktioniert, heißt das nicht in jedem Fall, dass keine lebensgefährliche Spannung mehr anliegt.

Vom normalen Strom im Haus mit 230 Volt (V) Spannung unterscheidet man Starkstrom (400 V) zum Betrieb von Herd und Durchlauferhitzer (für Laien absolut tabu!) und Niedervoltstrom für Halogenlampen. Letzterer ist so gut wie ungefährlich, weil hier nur 12 V Spannung anliegen.

Die spannungsführenden Kabel, die aus der Decke oder der Wand kommen und die für den Anschluss von Leuchten gedacht sind, bezeichnet man als Decken- bzw. Wandauslass.

Kabel isolieren und anschließen

Bei allen Arbeiten am 230-Volt-Stromnetz des Hauses ist es von entscheidender Bedeutung, dass man die Verbindungen von Kabeln untereinander und mit Schaltern und Steckdosen fachgerecht ausführt.

Die stromführenden Adern sind bei allen Kabeln gleich doppelt geschützt: Einmal durch eine dickere meist aus Kautschuk bestehende Ummantelung, die alle Adern umfasst. Zudem ist jede einzelne Ader gesondert isoliert. Beim Kürzen von Kabeln muss zunächst die äußere Ummantelung rund 10 cm vor Kabelende so entfernt werden, dass die Adern frei liegen. Dazu benutz man ein Cuttermesser, mit dem man die Ummantelung sehr vorsichtig rundum einschneidet und diese dann abzieht. Beim Einschneiden dürfen keine Aderummantelungen verletzt werden.

KABEL ANSCHLIESSEN

1 Die jeweiligen Adern eines Kabels sind einzeln abgeschirmt. Um eine Verbindung herstellen zu können, müssen die Enden ca. 1 cm lang entisoliert werden. Am einfachsten geht dies mit einer Entisolierzange.

Achtung LEBENSGEFAHR:
Bei Arbeiten an stromfüh-
renden Kabeln unbedingt
die Sicherung ausschalten!

2 Zum Verbinden von Kabeln benutzt man heute so genannte Aderendklemmen. Lüsterklemmen, wie im Bild zu sehen, sind nicht mehr Standard. Achten Sie beim Festdrehen der Schrauben darauf, dass sich das entilsoierte Kabelende möglichst komplett in der Klemme befindet. Ziehen Sie die Schrauben in der Klemme so fest wie möglich an.

Steckdosen und Lichtschalter tauschen

👍 leichter als gedacht

🕐 geht sehr zügig

💰 spart den Elektriker

Ganz gleich, ob ein Schalter oder eine Steckdose defekt ist oder ob man einfach nur Schalter z. B. gegen einen Dimmer austauschen möchte – es sind immer nur zwei Schrauben zu lösen und Kabel zu verbinden.

SCHALTER / DOSE TAUSCHEN

1 Der Rahmen einer Steckdose wird von einer kleinen Schraube gehalten. Diese befindet sich genau in der Mitte der Dose und lässt sich mit einem kleinen Schlitz- oder Kreuzschlitzschraubendreher lösen. Dann kann man den Rahmen abziehen.

2 Der Rahmen eines Lichtschalters wird von der Schalterabdeckung gehalten. Diese wird zunächst mit einem kleinen Schlitzschraubendreher abgewinkelt. Bei manchen Schaltern sitzt unter der Abdeckung ein weiterer Plastikhalter, der ebenfalls abgewinkelt werden muss. Dann lässt sich der Rahmen ganz einfach abnehmen.

oder Lichtschalter

MAN BRAUCHT

✗ Schraubendreher
✗ evtl. neue Steck-
   dose/Schalter

3 Links und rechts der Mitte sitzen etwas vertieft die Schlitzschrauben der Spreizhalterung. Bei den schwarzen Standard-Unterputzdosen werden diese mit einem etwas größeren Schlitzschraubendreher an beiden Seiten abwechselnd so weit gelöst, bis der Schalter locker sitzt und sich aus der Wand ziehen lässt.

Achtung LEBENSGEFAHR:
Vor Beginn der Reparatur unbedingt die Sicherung ausschalten! Vor Beginn der Arbeit mit einem Spannungsprüfer sicherstellen, dass kein Strom fließt!

4 Bei den zumeist orangenen Unterputzdosen für Gipskartonplatten kann es sein, dass der Schalter oder die Steckdose nicht durch die Spreizhalterung befestigt ist, sondern durch zwei Schrauben. Sie befinden sich deutlich sichtbar oben und unten an der Unterputzdose und können leicht mit einem Kreuzschraubendreher gelöst werden.

5 Jetzt das Element aus der Wand ziehen. Am Schalter befinden sich zwei Adern, an einer Steckdose drei. Die Aderenden sind nur eingesteckt. Um sie zu lösen, muss man die entsprechende Sicherung (hier mit dem Pfeil markiert) eindrücken. Beim Verkabeln des neuen Schalters / der neuen Dose auf die richtige Verbindung achten. Dann wird das Element wieder in der Wand befestigt und der Rahmen aufgesetzt.

Basiswissen Leuchtmittel

Der Leuchtmittel-Markt ist von einer schier unüberschaubaren Vielfalt geprägt. Die Lampen unterscheiden sich dabei nicht nur in Form und Lichtleistung, sondern auch in Stromaufnahme, Sockelform und Lichtfarbe. Hier die wichtigsten Leuchtmittel für Zuhause im Überblick:

GLÜHLAMPEN

Die klassische „Glühbirne" stirbt aufgrund ihres hohen Stromverbrauchs langsam aus. Die 230-V-Lampen lassen sich ohne Zusatztechnik wie Trafos anschließen. Für die mit den kleineren und größeren Schraubsockeln ausgestatteten Leuchtmittel (Sockel-Fachbezeichung: E14 und E27) gibt es zwei Nachfolger: Die mittlerweile schon veralteten, wenig effektiven Energiesparleuchten und die zeitgerechten LED-Lampen.

HALOGENLAMPEN

Obwohl die Halogenlampen wesentlich weniger Strom als die Glühlampen verbrauchen, sind auch sie nicht mehr zeitgerecht. Gleichwohl findet sich in den meisten Haushalten eine große Bandbreite an Halogen-Leuchten, die mit unterschiedlichen Lampen bestückt sind:

Stiftsockellampen

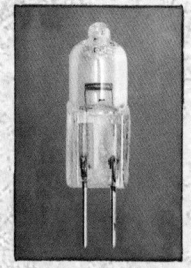

Das sind die ganz kleinen, länglichen Leuchtmittel mit zumeist 10 oder 20 Watt Leistung und 12 Volt Stromaufnahme. Stiftsockellampen benötigen immer einen Transformator, können also nicht direkt an das 230-V-Stromnetz angeschlossen werden. Die wichtigsten Sockel sind G4 und G9.

Niedervolt-Kaltlicht-Spiegelreflektoren

Hinter dem Wortungetüm verbergen sich die Halogenlampen, die in Downlights zum Einsatz kommen. Es gibt sie in zwei Bauformen (kleiner und größer), in unterschiedlicher Stärke (20 W, 35 W und 50 W) sowie in verschiedenen Abstrahlwinkeln: Als Spot-Variante mit engem Abstrahlwinkel sowie als Flood-Leuchte mit breitem Winkel ($\geq 35°$). Diese Lampen arbeiten mit 12 V Spannung und benötigen zum Betrieb einen Transformator. Die Sockelbezeichnung lautet G5.3. Für sie gibt es in allen gängigen Varianten LED-Alternativen.

Hochvolt-Kaltlicht-Spiegelreflektoren

Diese Leuchten gleichen in Form und Leistung den Niedervolt-Kaltlicht-Spiegelreflektoren, brauchen aber keinen Trafo, sondern können direkt an den 230-V-Hausstrom angeschlossen werden. Man kann sie gut an ihrem Sockel von ihren 12-Volt-Geschwistern unterscheiden. Der GU12-Sockel hat am Anschlussende zwei breitere Ausbuchtungen, mit denen die Lampen in die Fassungen eingedreht werden. Auch für diese Leuchtmittel gibt es LED-Alternativen.

LED

In einer LED leuchtet kein Glühfaden, sondern ein winziger Kristall in einem elektrischen Bauelement. Dabei geht kaum Strom als Wärme verloren. So kann eine LED-Lampe im Vergleich zur althergebrachten Glühlampe mehr als 90 % Strom einsparen. Folgendes ist wissenswert:

✔ LEDs brauchen sehr viel weniger Strom als herkömmliche Lampen, um die gleiche Helligkeit (man misst diese in Lumen) zu erzeugen. So erzeugt eine 3-Watt-LED-Lampe in etwa so viel Licht wie eine 15-Watt-Halogenlampe. Als Faustformel gilt ein Umrechnungsfaktor von eins zu fünf.

✔ LEDs halten wesentlich länger als andere Leuchtmittel.

✔ LEDs gibt es mittlerweile in nahezu allen Bauformen, so z. B. auch als „gedrehte" Kerze.

✔ Nicht alle Leuchtmittel lassen sich ohne weiteres durch eine LED ersetzen. Das gilt vor allem für Halogen-Kaltlicht-Spiegelreflektoren, die mit einem Trafo arbeiten. Die meisten Trafos arbeiten erst, wenn eine gewisse Mindestleistung abgerufen wird

(z. B. 10 Watt). Deshalb muss man beim Umrüsten von Niedervolt-Systemen meist neue Trafos installieren.

✔ Es gibt vielfältige LED-Lampen, die mit 230 Volt arbeiten und keinen Trafo oder andere Zusatztechnik benötigen.

✔ Standard-LEDs lassen sich nicht dimmen. Es gibt zwar dimmbare Varianten, diese sind aber wesentlich teurer.

✔ LEDs gibt es in verschiedenen Lichtfarben. Die einfachsten und preiswertesten erzeugen ein sehr blaues, neutralweißes und damit ungemütliches Licht. Die Lichtfarbe wird in Kelvin angegeben. Dabei gilt die Faustformel: Je kleiner die Kelvin-Zahl ist, desto rötlicher und damit gemütlicher wird das Licht. Um eine Lichtstimmung wie bei einer Glühlampe zu erzeugen, sollte eine LED eine warmweiße Lichtfarbe von maximal 2700 Kelvin aufweisen. Die Kelvin-Angabe findet sich auf jeder LED-Verpackung.

✔ In Zukunft wird es immer mehr Leuchten mit fest integrierten LEDs geben, bei denen man keine Leuchtmittel mehr wechseln kann – Lampe und Leuchte wachsen zusammen.

Stiftsockellampe wechseln

- 👍 geht sehr einfach
- ⏱ im Nu erledigt
- 💰 kostet so gut wie nichts

Ob in Schreibtischleuchten, Möbeleinbau-strahlern oder Downlights – Stiftsockellam-pen finden sich in fast jedem Haushalt. Leider gehen die preiswerten Leuchtmittel schnell kaputt. Das Auswechseln ist aber einfach.

STIFTSOCKELLAMPE WECHSELN

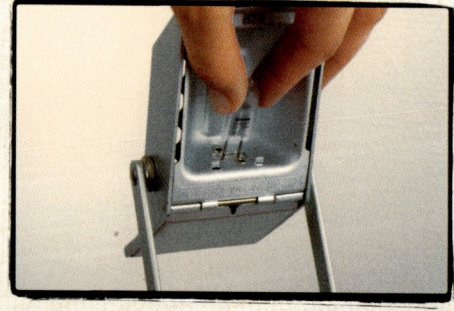

1 Damit von der heißen Lampe kei-ne Brand- oder Verletzungsgefahr ausgeht, befindet sie sich oft hin-ter einer dünnen Glasscheibe. Die muss beim Leuchtmittelwechsel als Erstes abgenommen werden. Die Befestigungsmechanismen sind von Leuchte zu Leuchte un-terschiedlich. Meistens muss eine Haltefeder vorsichtig gelöst oder aber die Scheibe samt Halterung herausgedreht werden.

2 Jetzt liegt das Leuchtmittel frei. Man fasst es unten an der flachen Seite des Glaskörpers an und zieht es vorsichtig heraus. Dabei muss man darauf achten, dass kein Stift abbricht. Sollte dies den-noch passieren, kann man den noch in der Fassung steckenden Stift mit einer Spitzzange heraus-ziehen.

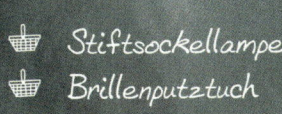

OXIDIERTE KONTAKTE

Flackert das Licht oder geht es nach einiger Zeit immer wieder aus, ist der Fehler meist beim Sockel zu suchen. Die Stifte des Leuchtmittels oder aber die Anschlüsse in der Fassung können nämlich oxidieren. Abhilfe kann man schaffen, in dem man die Stiftsockellampe aus der Fassung nimmt und die Stifte überprüft. Sind sie schwarz angelaufen, leiten sie den Strom nicht mehr richtig. In solch einem Fall mit einem Messer die schwarze Schicht auf den Stiften abkratzen und die Lampe wieder einsetzen.

MAN BRAUCHT

- ⚒ evtl. kleiner Schraubendreher
- ⚒ evtl. Spitzzange
- 🧺 Stiftsockellampe
- 🧺 Brillenputztuch

Achtung: Aus Sicherheitsgründen immer Stromstecker ziehen! Leuchtmittel vor Wechsel auskühlen lassen!

3 Das neue Leuchtmittel sollte nicht mit bloßen Fingern berührt werden, da sich immer ein Fettfilm auf der Haut befindet. Das Fett hinterlässt Spuren auf dem Glaskörper, die sich dann im Betrieb entzünden und das Leuchtmittel zerstören können. Deshalb die Lampen immer mit der Plastikfolie, die zur Verpackung gehört, oder einem Brillenputztuch anfassen.

4 Die Stiftsockellampe wieder in die Fassung einsetzen. Dabei das Leuchtmittel nicht verkanten. Die Stifte so weit in die Fassung drücken, wie es geht. Durch leichtes Ruckeln überprüfen, ob das Leuchtmittel auch wirklich fest sitzt. Abschließend das Schutzglas wieder montieren.

12-V-Halogenreflektor wechseln

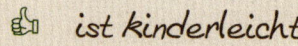
👍 ist kinderleicht

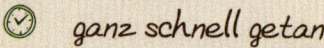
🕐 ganz schnell getan

💵 neue Lampe notwendig

Einen defekten Niedervoltreflektor zu wechseln ist nicht viel schwieriger, als eine kaputte Glühlampe zu ersetzen. Die meisten Halogen-Lampen werden nur in die Fassung gesteckt oder geschraubt.

12-V-REFLEKTOR WECHSELN

MAN BRAUCHT

🔧 evtl. kleinen Schraubendreher

🧺 neues Leuchtmittel

Achtung: Beim Leuchtmittelwechsel besteht normalerweise keine Lebensgefahr. Dennoch ist es empfehlenswert, die Sicherung herauszunehmen.

1 Das Leuchtmittel wird normalerweise von einer Sicherung in Position gehalten. Dabei handelt es sich in der Regel um einen Sprengring. Am einfachsten ist, ihn mit einem kleinen Schlitz-Schraubendreher herauszuwinkeln. Oft kann man den Ring aber auch durch Zusammendrücken von Hand aus dem Downlight herausziehen.

230-V-REFLEKTOR WECHSELN

Die 230-V-Halogen-Reflektoren werden ähnlich wie ein Glühbirne in die Fassung gedreht. Dazu die beiden Ausbuchtungen des Anschlusses in die entsprechenden Löcher der Fassung stecken und die Lampe durch Drehen nach links fixieren.

Bei einigen Leuchten sitzen die Reflektoren sehr fest in ihrer Fassung. Zudem lassen sich viele Lampen nicht richtig greifen. Das erschwert das Herausdrehen defekter Lampen. Dann drückt man mit zwei Fingern von unten gegen das Leuchtmittel und führt gleichzeitig eine Drehbewegung aus.

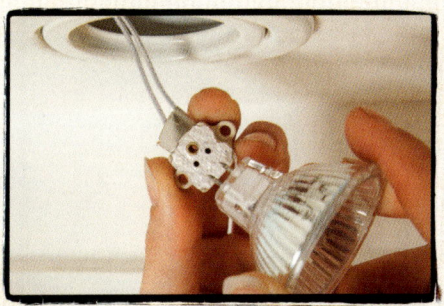

2 Jetzt kann man das Leuchtmittel zusammen mit der Fassung aus dem Downlight ziehen.

Der Kaltlichtspiegel-Reflektor ist nur in die Fassung eingesteckt. Man zieht das defekte Leuchtmittel heraus und setzt das neue ein.

3 Dann drückt man vorsichtig das Leuchtmittel wieder in die richtige Position und drückt anschließend den Sprengring wieder auf. Man vereinfacht sich das Aufsetzen des Sprengrings, wenn man mit einem Finger der linken Hand das Leuchtmittel in Position hält, während man mit der rechten Hand den Sicherungsring in die Leuchte drückt.

Niedervolt-Halogen Trafo tauschen

👍 *einfacher als man denkt*

🕐 *in 1 Stunde erledigt*

💰 *spart den Elektriker*

Bei Halogenleuchten kommt es immer wieder vor, dass nicht die Lampe, sondern der Trafo kaputt geht. Diesen gegen einen neuen zu tauschen, ist vor allem bei Downlights, die in die Decke eingebaut sind, nicht schwer.

DOWNLIGHT-TRAFO IN EINER ABGEH

MAN BRAUCHT

🔧 kleinen Schrauben-dreher

🧺 neuen Trafo

Achtung LEBENSGEFAHR:

Vor Beginn der Reparatur unbedingt die Sicherung herausdrehen! Es reicht nicht aus, nur den Lichtschalter auf „Aus" zu stellen.

1 In der Regel versorgt ein flacher elektronischer Trafo bis zu drei Downlights. Er befindet sich am Anschluss einer der drei Down-lights. Um ihn wechseln zu können, muss man das Downlight kom-plett aus der Decke nehmen. Die Leuchte wird nur von zwei Federn gehalten. Man kann das Downlight deshalb ganz einfach mit einem Schlitz-Schraubendreher aus der Decke herauswinkeln.

ELEKTRONISCHER TRAFO

Bei den Transformatoren unterscheidet man zwischen den runden, zumeist sehr großen Ringkerntransformatoren und den flachen, schmalen elektronischen Transformatoren. Downlights werden fast immer von elektronischen Transformatoren mit Strom versorgt. Beim Kauf muss man nicht nur darauf achten, dass die Leistung der Transformatoren zum Lichtsystem passt (siehe nächste Seite), sondern auch, ob der Transformator dimmbar oder nicht dimmbar ist. Die dimmbaren Varianten sind teurer; man benötigt sie nur dann, wenn das Licht auch wirklich gedimmt werden soll.

GTEN DECKE WECHSELN

2 Jetzt vorsichtig an den Kabeln ziehen, an denen das Downlight angeschlossen ist. So wird der Transformator sichtbar und kann durch das Loch aus der Decke herausgenommen werden.

3 An der einen Seite ist der Transformator an das 230-V-Stromnetz angeschlossen, auf der anderen Seite führen die Kabel zum Downlight. Beide Kabelanschlüsse sind durch eine Kappe verdeckt. Diese kann man oft einfach abwinkeln, manchmal sind die Abdeckungen aber auch verschraubt. Zum Abnehmen der Kappen dann die Schrauben lösen. ▶

UMRÜSTEN AUF 230 VOLT

Statt einen neuen Transformator einzubauen kann man Nieder-
volt-Leuchten auch auf 230 V umrüsten. Besonders leicht geht
dies bei Downlights. Dazu benötigt man lediglich ein neues Anschlusskabel mit GU10-Sockel, das es für unter einem Euro im
Fachmarkt gibt. **Achtung LEBENSGEFAHR:** Vor dem Umrüsten
Sicherung herausnehmen und sicherstellen, dass kein Strom
mehr fließt (siehe Seite 54). Zunächst wird der Trafo ausgebaut
(siehe hier). Dann verbindet man das neue Anschlusskabel direkt
mir der 230-V-Zuleitung. Bei der Kalkulation gilt es zu bedenken,
dass man anschließend auch neue Leuchtmittel benötigt (230-
Volt-Halogenlampen oder LEDs mit GU10 Sockel).

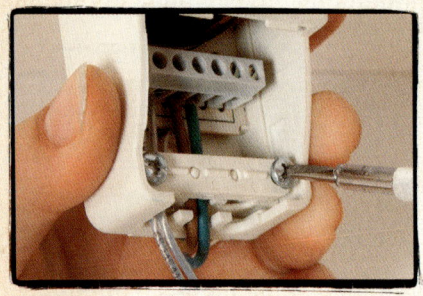

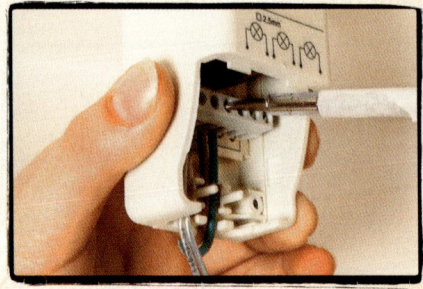

4 Zum Lösen der Kabel vom defekten Transformator muss man
zunächst auf beiden Seiten die
Zugsicherung lösen, die verhindert, dass das Kabel versehentlich
aus den Anschlüssen herausgezogen wird. Dann die Klemmen
lösen, an denen die Kabelenden
im Transformator stecken und die
Kabel entfernen.

5 Beim Anschließen des neuen
Transformators unbedingt darauf
achten, dass man Hoch- und
Niedervolt nicht vertauscht, also
die Stromkabel an den 230-V-An-
schluss anlegt und die zum
Downlight an den 12-V-Anschluss.
Zugsicherungen und Abdeckungen wieder montieren, Transformator in die Decke schieben und
Leuchte wieder einsetzen.

Leuchte aufhängen

Ob Esstisch oder Theke, Schreibtisch oder Nachttisch: Hängeleuchten bringen das Licht genau dorthin, wo man es benötigt.

 ist nicht ganz so einfach

🕐 *in 1 Stunde erledigt*

💰 *spart den Elektriker*

KABELDOSE

Eine Hängeleuchte unter der Decke zu montieren, ist keine Kunst: Haken in die Decke und Leuchte aufhängen. Damit allerdings ist es oft nicht getan, denn nur selten befindet sich der Deckenauslass mit dem Stromkabel genau dort, wo man die Leuchte hinhängen möchte. ▸

HÄNGELEUCHTE MONTIEREN

🚧 **Achtung LEBENSGEFAHR:**
Vor Beginn der Reparatur unbedingt die Sicherung herausdrehen! Es reicht nicht aus, nur den Lichtschalter auf „Aus" zu stellen. Am Deckenauslass mit dem Spannungsprüfer sicherstellen, dass kein Strom mehr fließt!

1 Zunächst die exakte Position, an der die Leuchte aufgehängt werden soll, ermitteln. Dazu die Leuchte provisorisch an der Decke anhalten und die Montageposition anzeichnen. Mit der Bohrmaschine ein Loch für einen 8er Dübel in die Decke bohren. Dübel einsetzen und Haken anschrauben.

▸

MAN BRAUCHT

✗ Seitenschneider	🧺 Haken
✗ Messer	🧺 Leuchte
✗ Entisolierzange	🧺 Abdeckdose
✗ Bohrmaschine	🧺 Lüsterklemmen
✗ 6er und 8er	🧺 evtl. flexibles
Bohrer	Stromkabel
✗ Schraubendreher	

In den meisten Fällen muss das Stromkabel verlängert werden. Dazu benötigt man ein flexibles 230-V-Kabel, das man in vielen Baumärkten auf Maß von der Rolle bekommt, Lüsterklemmen sowie eine Abdeckung für den Deckenauslass. Die Abdeckung wird fachgerecht als „Abzweig-Baldachin" bezeichnet. Man erhält sie in jedem Fach- oder Baumarkt.

2 Bei einigen Leuchten benötigt man keinen Haken. Stattdessen wird die mitgelieferte Halterung in der Decke verschraubt.

Jetzt die Abdeckkappe der Leuchte über das Kabel ziehen und mit der zugehörigen Plastikbefestigung das Kabel auf die richtige Länge bringen. Prüfen, ob die verbleibende Kabellänge ausreicht, um das Stromkabel bis zum Deckenauslass weiterzuführen. Andernfalls muss man das Kabel verlängern.

3 Zum Verlängern Stromkabel der Leuchte am Haken bis auf 5 cm Reststück mit dem Seitenschneider kürzen. Die Kabelenden entisolieren. Verlängerungskabel auf die benötigte Länge zuzüglich 10 cm zurechtschneiden und Adern des Kabels an beiden Enden entisolieren. Mit Lüsterklemmen Kabel der Leuchte mit Verlängerungskabel verbinden. Muss an die Leuchte kein Schutzleiter angelegt werden, diesen mit dem Seitenschneider an den Kabelenden abschneiden.

4 Eine Kabeldurchführung an der Abdeckdose mit Hilfe eines Cuttermessers ausschneiden. Dann die Abdeckdose an der Decke montieren.

5 In der Regel muss gedübelt werden. Die Dose dazu mittig unter dem Deckenauslass so anhalten, dass die ausgebrochene Kabeldurchführung in Richtung der Leuchte zeigt. Die Bohrpositionen einzeichnen, die Bohrungen ausführen, die Dübel einstecken und die Dose festschrauben.

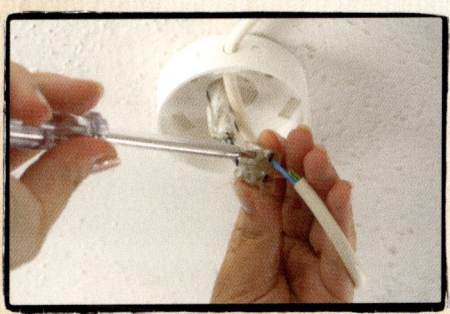

6 Die Kabelzuführung durch das Loch in der Abdeckdose führen. Dann das Kabel am Deckenauslass mit Lüsterklemmen anlegen und eine Funktionsprüfung durchführen.

7 Abschließend die Abdeckung der Leuchte am Leuchtenkabel hochziehen und die Kabeldose mit der Abdeckung verschließen.

Rauchmelder installieren

👍 *kann eigentlich jeder*

🕐 *in 1 Stunde erledigt*

💸 *spart den Elektriker*

Wenn es brennt, lauert die größte Lebens-gefahr nicht durch Feuer, sondern durch Rauch. Doch der Erstickungsgefahr kann man mit einem Rauchmelder leicht und effektiv vorbeugen.

BATTERIEBETRIEBENEN RAUCHMEL

MAN BRAUCHT

🔧 Bohrmaschine

🔧 6 mm Steinbohrer

🔧 Schraubendreher

🔧 Bleistift

🧺 Rauchmelder

🧺 6er Universaldübel

🧺 Schrauben

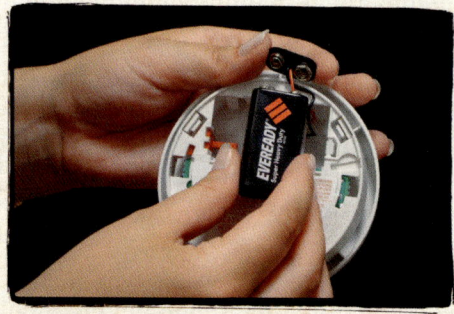

1 Den Rauchmelder versorgt in der Regel eine 9-V-Blockbatterie mit Strom. Diese muss auch regelmä-ßig gewechselt werden.

Die Blockbatterie wird auf der Rück-seite des Melders eingesetzt. Dazu die entsprechende Abdeckung aufhebeln, Batterie anschließen und einsetzen sowie die Abdeckung wieder aufdrücken.

RAUCHMELDER

Bei den Geräten unterscheidet man solche, die mit 230 V Spannung versorgt werden, von batteriebetriebenen Geräten. Letztere lassen sich besonders einfach installieren. Ihre Betriebsbereitschaft sichert eine Blockbatterie, die mindestens ein ganzes Jahr lang hält. Wenn deren Leistung zur Neige geht, warnt das Gerät durch Pieptöne und/oder Leuchtdioden. Auf Dauer jedoch ist es umweltentlastender und preiswerter, wenn man Rauchmelder mit 230 V einsetzt. Diese Geräte verfügen über Notstromschaltungen, die die Melder auch bei Stromausfall bis zu 72 Stunden alarmbereit halten.

R UNTER DER DECKE MONTIEREN

2 Rauchmelder werden von einer Montageplatte oder einem Montagebügel an der Decke gehalten. Diese befestigt man mit Dübeln und Schrauben, die in der Regel zum Lieferumfang gehören. Die Platte an der Einbauposition an die Decke halten und durch die Montagelöcher hindurch die Bohrpositionen anzeichnen. Löcher bohren, Dübel einstecken und Platte anschrauben.

3 Der Rauchmelder wird in der Regel auf die Montageplatte aufgedreht. Dazu den Melder an den markierten Positionen auf die Platte setzen und nach links drehen.

Bei einem Batteriewechsel wird der Melder dementsprechend bis zum Anschlag nach rechts gedreht und kann dann abgezogen werden.

Kabel befestigen und verlegen

👍 ist super einfach

🕐 in 1 Stunde erledigt

💸 Kanäle sind nicht teuer

Ob Telefon- oder Stromkabel, Boxen- oder Antennenkabel, Computeranschluss- oder Fernsehkabel: Immer wieder gilt es, Leitungen möglichst unauffällig an Wänden entlangzuführen.

Besonders einfach gelingt dies bei dünnen Kabeln, die an Teppichbodenleisten entlang gelegt werden sollen. Sie kann man mit einem flachen, stumpfen Gegenstand – z. B. einem hölzernen Pfannenwender – in die Ritze zwischen Teppichboden und Fußbodenleiste drücken.

Einfach und preiswert lassen sich Kabel auch mit Nagelschellen sauber auf Wän-

KABELKANAL MONTIEREN

1 Kabelkanäle sind eine einfache, unauffällige und flexible Lösung zum Verlegen von Kabeln auf Wänden. Der eigentliche Kanal wird direkt auf der Wand befestigt. Dazu den Kabelkanal an die Wand halten und ausrichten, am besten mit einer Wasserwaage. Dann die Bohrpositionen anzeichnen und die Bohrungen ausführen. 6-mm-Bohrungen sind ausreichend.

2 Für die Befestigung stehen verschiedene Alternativen zur Wahl: Besonders einfach geht es mit so genannten Steckdübeln. Diese Plastikbefestigung ist Dübel und Schraube in einem. Sie wird durch die Bohrung des Kabelkanals in das Bohrloch gedrückt. Man kann aber natürlich auch herkömmliche Dübel und Schrauben einsetzen.

den führen und befestigen. Die Schellen gibt es in verschiedenen Größen, z. B. genau abgestimmt auf Telefon- oder Stromkabel. Das Kabel wird in die Schelle gedrückt, die man dann mit einem Nagel an der Wand

MAN BRAUCHT

✂ Bohrmaschine
✂ Schraubendreher

🧺 6-er Dübel und Schrauben
🧺 Kabelkanal

befestigt. Dabei schlägt man ca. alle 25 cm eine Schelle ein.

Eine weitere Möglichkeit ist, das Kabel mit Hilfe einer Heißklebepistole an Kanten und in Ecken zu fixieren. Der Vorteil hierbei: Der Kleber trocknet fast unsichtbar aus und die Befestigung fällt somit kaum ins Auge.

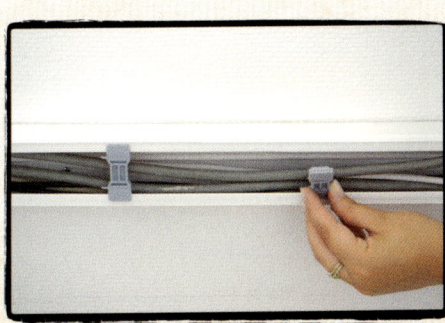

3 Die Kabel werden in den Kanal eingelegt. Damit diese auch bei abgenommener Abdeckung nicht aus dem Kanal herausfallen, gehören bei breiteren Kanälen kleine Halter zum Lieferumfang. Diese werden auf der ganzen Kanallänge verteilt.

4 Abschließend steckt man die Blende des Kabelkanals auf. Dabei darauf achten, dass sich beim Aufdrücken keine dünnen Kabel zwischen Kanal und Blende befinden. Die Blende rastet beim Aufdrücken spürbar ein.

Defekte Bügeleisenschnur austauschen

👍 ist sehr einfach

⏱ rasch erledigt

💵 spart neues Bügeleisen

Mit einer defekten Bügeleisenschnur gilt es nicht zu spaßen. Allzu schnell gelangt man beim Bügeln an die schadhafte Stelle – und das kann lebensgefählich sein. Aber glücklicherweise lässt sie sich einfach wechseln.

BÜGELEISENSCHNUR TAUSCHEN

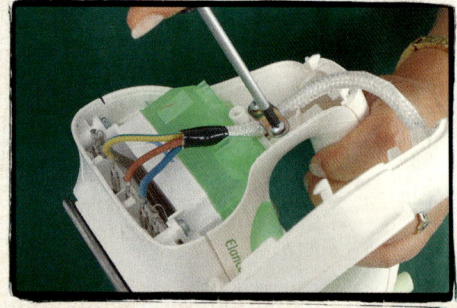

1 Es ist wohl selbstverständlich – dennoch muss es hier erwähnt werden – dass vor dem Wechsel der Netzstecker aus der Steckdose gezogen sein muss.

Dort, wo die Bügeleisenschnur im Gerät verschwindet, erkennen Sie eine Abdeckung, die von kleinen Schrauben gehalten wird. Diese entfernen Sie. Jetzt können Sie die Abdeckung abnehmen.

2 Vor der Klemmleiste wird das Kabel von einer so genannten Zugsicherung gehalten, die auch bei starkem Reißen an der Schnur verhindert, dass die Kabelenden, die so genannten Adern, aus ihrer Halterung herausgezogen werden. Zum Entfernen der alten Schnur eine Schraube der Zugsicherung lösen und diese zur Seite drehen.

SCHNURERSATZ

Als Schnurersatz kommt hier kein Standard-stromkabel in Frage, sondern nur eine neue Bügeleisenschnur. Sie erhalten eine solche im Baumarkt oder im Elektrofachhandel. Im Gegen-satz zu einem normalen Kabel entsprechen die Bügeleisenschnüre den Sicherheitsanforderun-gen, die heute bei Elektrogeräten Standard sind. Dazu zählen z. B. eine schwer entflammbare Ummantelung und ein vollständig verschweißter Stecker. Den können Sie also nicht mehr wie früher separat wechseln.

MAN BRAUCHT

- Schraubendreher
- eventuell: Spitzzange
- Bügeleisenschnur

Achtung LEBENSGEFAHR: Vor Beginn der Reparatur Stromstecker ziehen!

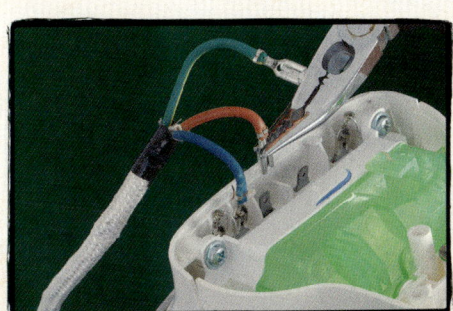

3 Die Adern der Schnur sind am Bügeleisen mit so genannten Ka-belschuhen angelegt, die einfach abgezogen werden. Wenn die Schuhe der alten Schnur sehr fest sitzen, hilft eine Spitzzange beim Abziehen. Zum Schluss ziehen Sie die alte Schnur durch die Kabel-führung des Bügeleisens.

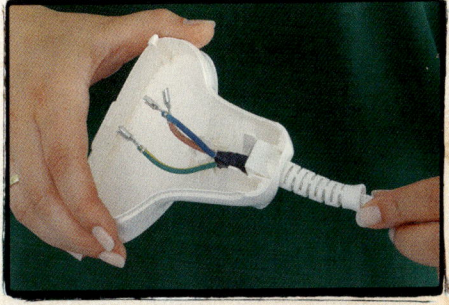

4 Zur Montage der neuen Schnur führen Sie die Schritte in umge-kehrter Reihenfolge aus: Schnur durch die Kabelführung ziehen, Kabelschuhe aufstecken, Zug-sicherung schließen und Abde-ckung wieder aufschrauben.

VOVIEREN

OB DECKE STREICHEN,
WÄNDE TAPEZIEREN
ODER DEFEKTE
BÖDEN REPARIEREN:
BEIM RENOVIEREN
GIBT ES EINE VIELZAHL
VON REPARATUREN,
DIE MAN SELBST
ERLEDIGEN KANN.
DIESES KAPITEL STELLT
DIE WICHTIGSTEN
ARBEITSSCHRITTE VOR.

Kleine Löcher und Risse zuspachteln

- 👍 ist wirklich einfach
- 🕐 in 1/2 Stunde erledigt
- 💰 kostet so gut wie nichts

Beim Renovieren von Wänden und Decken, vor allem vor dem Streichen oder Tapezieren, gilt es, kleine Löcher oder Risse zu beseitigen. Das geht mit Füllspachtel kinderleicht, der mit Spachteln aufgebracht wird.

LÖCHER ZUSPACHTELN

1 Die Spachtelmasse wird aus Gips und Wasser angesetzt. Wichtig dabei: Der Handel bietet unterschiedliche Gipssorten an – für die Arbeit in Innenräumen sind andere Produkte erforderlich als für die Fassade.

2 Zum Anmischen füllen Sie den Gipsbecher zur Hälfte mit Spachtelmasse und geben nach und nach etwas Wasser hinzu. Dabei rühren Sie, bis eine zähflüssige Masse entsteht.

SPACHTELMASSE RICHTIG EINSETZEN

Rühren Sie immer nur so viel Spachtelmasse an, wie Sie benötigen. Überschüssige Reste können Sie nur noch entsorgen. Verarbeiten Sie Spachtelmasse nur, so lange sie noch zäh ist. Ist sie schon angetrocknet, können Sie diese nicht mehr glatt abziehen. Wenn nach dem Spachteln auffällt, dass Sie ein Loch übersehen haben, ist es auf jeden Fall sinnvoller, neuen Spachtel anzurühren, als zu versuchen, den angetrockneten noch einmal zu verwenden.

Je dickflüssiger, desto schneller trocknet die Masse. Wenn Sie zu viel Wasser eingefüllt haben, können Sie durch Zugabe von weiterem Spachtelpulver die Konsistenz verbessern.

MAN BRAUCHT

✗ Gipsbecher
✗ kleinere und größere Spachtel
🧺 Spachtelmasse
🧺 Wasser

3 Mit einem kleinen Spachtel nehmen Sie einen Teil der Masse auf und ziehen diese dann auf einen größeren Spachtel auf. Achten Sie darauf, dass sich die Spachtelmasse nach Möglichkeit immer nur auf einer Seite des Spachtels befindet, sonst verschmieren Sie schnell Hände oder Wand.

4 Nun die Masse über der Schadstelle mit dem Spachtel glatt abziehen. Dabei nicht mehr Masse aufbringen als nötig. Es können mehrere Löcher in einem Arbeitsschritt verspachtelt werden. Bei tieferen Rissen oder größeren Löchern zunächst nur das Loch füllen, die Masse austrocknen lassen und erst in einem zweiten Arbeitsschritt die Fläche plan abziehen.

Basics: Wandfarbe

In Baumärkten finden sich viele Wandfarben, die sich nicht nur in Bezug auf den Farbton, sondern auch bezüglich der Inhaltsstoffe unterscheiden. Hier gilt es zwischen Acrylharz- und Latexfarben auf der einen sowie Flüssigdispersion, Cremedispersion und fester Farbe auf der anderen Seite zu differenzieren.

DISPERSIONSFARBE

Wenn Sie das Wohnzimmer neu streichen möchten, greifen Sie am besten zu Dispersionsfarbe. Sie ist das richtige Anstrichmittel für Stein, Putz und Tapete. Ihre Bestandteile sind «dispergiert», d. h. sie schwimmen in feinster Verteilung in der Farbflüssigkeit.

Neben den Farbpigmenten, die den Farbton einer Dispersionsfarbe bestimmen, kommt es vor allem auf das verwendete Bindemittel an. Man unterscheidet Dispersionsfarbe auf Basis von Acrylharzen oder auf Latexbasis.

Acrylharzfarben überziehen die Wand sozusagen mit einer atmungsaktiven zweiten Haut. Luft und Feuchtigkeit können in die Wand eindringen und dort auch wieder abtrocknen. Bei Latexfarben hingegen entsteht eine nahezu undurchlässige Schicht.

KONSISTENZ & DECKKRAFT

Die Farben unterscheiden sich wesentlich in Bezug auf ihre Konsistenz und ihre Deckkraft – und damit in ihrer Verarbeitungsqualität. Man unterscheidet:

FLÜSSIGDISPERSION

Dies ist das beliebteste Anstrichmittel. Die Farbe ist relativ dünnflüssig und spritzt deshalb stark. Markenfarbe ist relativ teuer, preiswerte Flüssigdispersionen decken allerdings nicht besonders gut. Eine dunkle Wand muss also mehrfach gestrichen werden, bis sie z. B. einheitlich weiß erstrahlt.

CREMEDISPERSION

Cremige Dispersionen sind verarbeitungsfreundlicher: Sie decken besser und spritzen nicht so sehr, sind aber auch wesentlich teurer als Flüssigdispersionen.

FESTE FARBEN

So genannte feste Farben spritzen schließlich so gut wie gar nicht und decken exzellent. Hier müssen Sie beim Streichen noch nicht einmal Böden oder Möbel komplett abdecken. Eine solche Verarbeitungsqualität hat natürlich auch ihren Preis.

Wände streichen

Vor dem Streichen sollte der Untergrund sauber und frei von Löchern und Rissen sein. Je mehr Mühe man sich dabei gibt, desto professioneller wird das Gesamtergebnis.

👍 *kann eigentlich jeder*

🕐 *dauert seine Zeit*

💰 *sieht hinterher aus wie neu*

FARBE MISCHEN

Nahezu jeder große Baumarkt verfügt heute über eine Farbmischmaschine, mit der sich jeder gewünschte Farbton herstellen lässt. Vorgemischte Farbe zu kaufen ist vor allem deshalb sinnvoll, weil man bei einem späteren Anstrich dann genau denselben Farbton wieder bekommen kann. Wenn man selbst Farbe anmischt, gelingt dies nur selten.

STREICHEN MIT FLÜSSIGDISPERSION

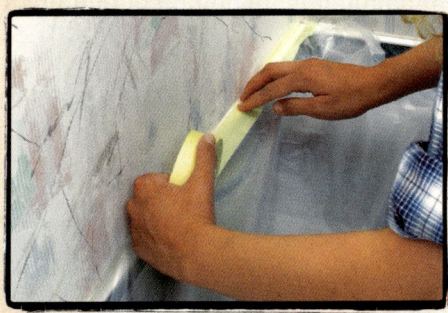 

1 Vor Beginn der Arbeiten muss alles gut abgedeckt bzw. abgeklebt werden. Nur so lassen sich hässliche Farbflecken auf Böden, an Fenstern und Türen oder auf Möbelstücken vermeiden.

Beim Streichen empfiehlt es sich, die Rahmen von Lichtschaltern und Steckdosen zu entfernen (siehe dazu auch Seite 58).

2 Die Farbe muss zunächst gut durchgerührt werden. Am besten geht dies mit einem preiswerten Rührquirl für Akkuschrauber oder Bohrmaschinen. Achten Sie vor dem Rühren darauf, dass die Maschine auf langsame Umdrehungen eingestellt ist und lassen Sie sie langsam anlaufen. Andernfalls spritzt die Farbe beim Durchmischen quer durch den Raum. ▶

MAN BRAUCHT

- ⚒ Rührquirl mit Akkuschrauber/ Bohrmaschine
- ⚒ Pinsel
- ⚒ Rolle
- ⚒ Abstreifgitter
- ⚒ Farbwanne

- 🧺 Flüssigdispersion
- 🧺 Abdeckplane
- 🧺 Abklebeband
- 🧺 Kreppband
- 🧺 Plastikfolie von der Rolle

GUT LÜFTEN

Stellen Sie während der Streicharbeiten am besten die Heizung ab und sorgen Sie für eine gute Durchlüftung – z. B. indem Sie Fenster auf Kippe stellen.

Bei Außentemperaturen von unter 5°C halten Sie die Fenster geschlossen und sorgen für die Lüftung durch gekippte Fenster in Nebenräumen.

3 Ein Teil der Farbe wird dann in die Farbwanne gegossen. Sie beginnen mit dem Streichen von Ecken und Kanten. Am einfachsten geht dies mit einem langen Pinsel oder einem Kantenroller. Achten Sie darauf, dass Sie die Kanten durchgehend ausmalen und keine Lücken bleiben.

Die Farbe wird dabei so dünn wie möglich, aber so deckend wie notwendig aufgestrichen.

4 Größere Flächen bearbeiten Sie am einfachsten mit der Rolle. Dazu zunächst das Gitter in den Eimer hängen und die Rolle nur leicht mit dem Bezug in die Farbe tauchen.

Nehmen Sie dabei nicht zu viel Farbe auf – ansonsten tropft und spritzt es später zu sehr. Dann streifen Sie die Rolle am Gitter ab, um überschüssige Farbe zu entfernen.

5 Tragen Sie die Farbe so auf, dass an jeder Stelle ungefähr gleich viel Farbe aufstrichen wird.

Gestrichen wird stets «nass in nass». Das bedeutet, dass besonders beim Streichen mit der Rolle keine längere Pause gemacht werden sollte, da sonst Teilflächen eintrocknen und der Anstrich dadurch am Ende fleckig aussieht.

6 Um einen einheitlichen Farbauftrag zu erzielen, empfiehlt es sich, am besten einzelne Wände in einem Zug anzustreichen. Ungleichmäßig aufgetragene Farbe lässt sich gleichmäßiger verteilen, indem Sie abwechselnd waagerecht und senkrecht rollen.

7 Wenn nur Teile eines Raums wie im Bildbeispiel die Decke gestrichen werden sollen, empfiehlt es sich, die angrenzenden Flächen mit Kreppband abzukleben. Das Band wird nur leicht angedrückt, so dass es sich später wieder leicht lösen lässt und keine Beschädigungen entstehen.

8 Wenn man die Arbeiten für mehrere Stunden – z. B. über Nacht – unterbricht, muss man Rolle und Pinsel nicht auswaschen. Es reicht vollkommen aus, diese luftdicht in Plastikfolie einzuwickeln und am Griff mit Kreppband zu verschließen.

Basics: Tapezieren

Tapeten unterscheidet man nach ihrem Trägermaterial, also der Rückseite, in vier Tapetenarten: Papier-, Stoff-, Vlies- und Glasfasertapeten. Das Trägermaterial bestimmt nicht nur den Grundpreis der Tapete, sondern vor allem auch die Verarbeitung.

TRÄGERMATERIAL PAPIER

Tapeten, bei denen das Trägermaterial aus Papier besteht, sind besonders verbreitet; nicht zuletzt, weil sie in den einfachen Ausführungen preiswert und besonders vielseitig einsetzbar sind. Basis der Tapeten ist eine Papierbahn – meist Recyclingpapier –, deren Oberfläche beschichtet wird. Die Beschichtung bestimmt dabei nicht nur die Optik, sondern auch die Qualität der Tapete. Aufgrund der Beschichtung unterteilt man diese Tapeten noch einmal in folgende Gruppen:

- Papiertapete
- Prägetapete
- Profiltapete
- Textiltapete
- Raufaser

Das Tapezieren von Tapeten aus Papier ist relativ aufwendig. Die Bahnen werden nach dem Zuschnitt eingekleistert und müssen dann einweichen, bevor man sie auf die Wand kleben kann. Durch das Einweichen verändert die Tapete die Form: sie schrumpft. Wenn der falsche Kleister verwendet wird oder der Kleister nicht in der richtigen Konsistenz und gleichmäßig auf die Tapete aufgebracht wird, hat dies unansehnliche Folgen: Die Tapete wirft Blasen, die Nahtstellen (Stöße) zwischen den einzelnen Bahnen verändern sich und bilden Zwischenräume aus.

Bezüglich der Verarbeitungsqualität gibt es große Unterschiede: Einige Papiertapeten lassen sich relativ leicht verkleben, bei anderen ist es wesentlich schwerer, ein professionell wirkendes Gesamtergebnis zu erzielen, was ihnen den Spitznamen „Malertod" eingebracht hat. Beim Kauf ist deshalb eine kompetente Beratung wichtig.

TRÄGERMATERIAL VLIES

Vliestapeten besitzen den großen Vorteil, dass sie nicht eingekleistert werden müssen. Sie verändern auch unter Feuchtigkeit nicht ihre Form und so ist es eigentlich kinderleicht, mit ihnen zu arbeiten. Zwei Varianten stehen zur Wahl: Am einfachsten ist es, die Wand, die tapeziert werden soll, mit einem passenden Kleister einzustreichen. Dazu kann man entweder einen Quast benutzen oder aber den Kleister mit einer Dispersionsfarbenrolle aufrollen. Dann wird das zugeschnittene Tapetenstück so, wie es von der Rolle kommt, auf die Wand geklebt. Alternativ kann man auch das zurechtgeschnittene Tapetenstück einkleistern und ohne Weichzeit auf die Wand kleben. Ein weiterer Vorteil ist, dass man Vliestapeten später einfach wieder von der Wand abziehen kann.

Es gibt eine ganze Reihe von Vliestapeten mit Strukturen, die verschiedenen Putzoberflächen wie Reibe- oder Strukturputz gleichen. Diese Tapeten sind in erster Linie für Bewohner von Mietwohnungen interessant, die ihre Wände nicht verputzen dürfen, diese Optik aber schätzen.

Zum Ablösen alter Tapete diese zunächst mit Tapetenablöser einstreichen. Dazu die Flüssigkeit mit einem Quast auftragen und länger einwirken lassen. Dann lässt sich die Tapete mit Hilfe eines Spachtels von der Wand lösen.

TRÄGERMATERIAL GLASFASER

Eine edle moderne Optik, eine robuste Oberfläche und eine relativ einfache Art des Verklebens zeichnen Glasfasertapeten aus. Allerdings sind sie relativ teuer und sie lassen sich später nur sehr schwer von der Wand lösen. Deshalb spielen Glasfasertapeten heute kaum noch eine Rolle.

KLEISTER

Kleister ist lange nicht gleich Kleister! Es gibt ein breites Angebot. Die Kleber unterscheiden sich in ihrer Verarbeitungsqualität und ihren Haftungseigenschaften.

Ein guter Kleister lässt sich klumpfrei in Wasser einrühren und benötigt nur eine relativ kurze Quellzeit; schließlich bleibt er lange verarbeitungsfähig. Grundsätzlich gilt: Der Kleister muss zur Tapete passen – lassen Sie sich beim Kauf beraten, welcher Kleister für die gewählte Tapete der richtige ist. Wichtig ist auch die Verarbeitung: Für das Einkleistern von Hand sind andere Kleister erforderlich als für die Arbeit mit einer Kleistermaschine. Beim Ansetzen des Kleisters gilt der Grundsatz: Je schwerer die Tapete ist, desto dicker muss der Kleister sein.

ALTE TAPETEN ENTFERNEN

Zunächst sollten Sie immer versuchen, die alte Tapete trocken von der Wand zu lösen. Zum Entfernen der Tapete eignet sich am besten ein breiter Spachtel mit festem Griff. Mit ihm fährt man unter die Tapete und versucht sie zu lösen.

Es wäre schön, wenn sich alle Bahnen mit ein paar Handgriffen so ablösen ließen. In der Praxis zeigt sich jedoch, dass die meisten Tapeten richtig fest auf der Wand kleben. Feuchtigkeit ist dann das beste Mittel, den Kleister, mit dem die Tapete angeklebt wurde, wieder flüssig zu machen.

Deshalb weicht man die Tapeten am besten ein, wobei man dem Wasser einen speziellen Zusatz beimengt, so genannten Tapetenablöser. Dieser wird mit einem Quast auf die alte Tapete aufgestrichen. Das spritzt meistens und an der Wand laufen beim Aufstreichen kleine Bäche zum Boden hinunter. Deshalb sollten Sie vor allem neuwertige Bodenbeläge mit Plastikplanen abdecken, besser noch abkleben Die Flüssigkeit lässt man gut zehn Minuten einwirken und versucht dann erneut, die Tapete mit dem Spachtel zu entfernen. Dieser Vorgang muss eventuell wiederholt werden.

Tapezieren mit Papiertapeten

👍 ist viel Arbeit

🕐 dauert seine Zeit

💵 sieht aus wie neu

Wenn man landläufig von „Tapezieren" spricht, meint man in der Regel das Verkleben von Papiertapeten. Dabei wird der Kleister auf die Rückseite der Tapete aufgetragen und die feuchte Bahn dann auf die Wand gedrückt.

TAPEZIEREN MIT PAPIERTAPETE

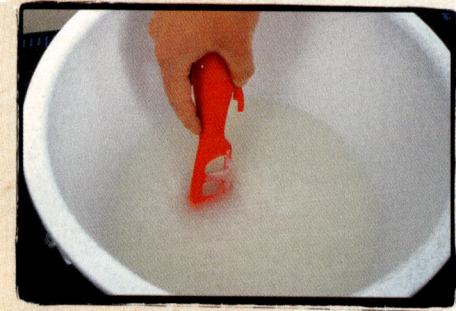

1 Zunächst wird der Kleister mit Wasser angerührt. Wie viel Kleister für eine Tapetenbahn benötigt wird, ist unterschiedlich. Maßgebend ist das Mischungsverhältnis, das die Hersteller auf den Kleisterverpackungen angeben. Danach muss der Kleister durchziehen. Wenn Sie etwas teureren Instant-Kleister verwenden, reichen wenige Minuten Wartezeit aus.

TIEFGRUND

Wenn neue Wände mit saugendem Untergrund wie z. B. Gipskarton-platten tapeziert werden sollen, empfiehlt es sich, die Fläche zunächst mit Tiefgrund vorzubehan-deln. Diese spezielle, sehr flüssige Grundierung trägt man am einfachsten mit einem Quast auf. Dabei lassen sich Spritzer nicht vermeiden – deshalb den Boden gut abdecken.

MAN BRAUCHT

- ✗ Rührer
- ✗ Zollstock/Maß
- ✗ Lot
- ✗ Maurerwinkel
- ✗ Cuttermesser
- ✗ Tapeziertisch
- ✗ Quast
- ✗ Tapezierbürste
- ✗ Kanten-schnittlineal
- ✗ Kantenroller
- 🧺 Tapete
- 🧺 Kleister
- 🧺 Eimer
- 🧺 Rührhilfe
- 🧺 Bleistift

2 Während der Kleister durchzieht, messen Sie die Raumhöhe aus und beginnen, passende Bahnen zuzuschneiden. Dabei gut 5 cm oben und unten zugeben.

3 Die Tapete sollte möglichst recht-winklig mit Hilfe eines Winkels und eines scharfen Cuttermessers zugeschnitten werden.

4 Jetzt die Rückseiten der Tapeten-bahnen auf dem Tapeziertisch mit einem Quast einkleistern.

Den Kleister gleichmäßig verteilen und gut «einmassieren». Beson-ders darauf achten, dass auch die Ränder gut eingekleistert sind.

▶

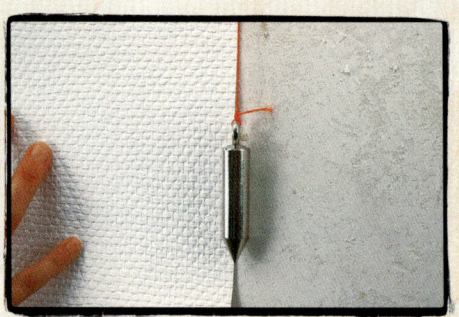

5 Bevor die Tapeten auf die Wand geklebt werden können, muss der Kleister einziehen. Dazu die Tapetenbahnen wie ein Wäschestück zusammenlegen – Kleisterseite auf Kleisterseite.

6 Nach dem Einwirken des Kleisters geht es an das Kleben der Bahnen auf die Wand. Dabei gelten folgende Grundregeln: Sie be-

ginnen mit dem Kleben oben und setzen die Tapete so an der Deckenkante an, dass sie leicht überlappt (2-5 cm). Durch die Überlappung haben Sie mehr Spielraum, die Tapete exakt lotrecht auszurichten. Sie klappen die gefaltete Tapetenbahn erst dann ganz auf, wenn sie oben sicher an der Wand fixiert ist.

7 Für den Erfolg der Arbeit ist entscheidend, dass die erste Bahn exakt lotrecht hängt. Das überprüfen Sie am besten mit einem Lot. Nötigenfalls müssen Sie die Tapete etwas nachrichten.

8 Wenn die Bahn richtig auf der Wand fixiert ist, drücken Sie sie mit der Tapezierbürste fest. Achten Sie besonders darauf, dass die Ränder fest angedrückt werden.

9 Nachdem mehrere Bahnen auf die Wand geklebt wurden, schneiden Sie unten und oben den Überstand ab. Einfach geht dies mit einem Kantenschnittlineal, das oben in den Knick gedrückt wird. Dann an der Stahlkante entlang mit dem Cuttermesser die überstehende Tapete abtrennen.

10 In Raumecken kleben Sie die letzte Bahn so, dass sie auf der neuen Wand mit gut 2 cm überlappt. Die neue Bahn über den Überstand kleben und anschließend mit dem Lot senkrecht ausrichten.

11 Beim Tapezieren von Fensterlaibungen oder Türrahmen verfahren Sie wie folgt: Zunächst die ganze Bahn auf die Wand kleben. Dann auf Fensterhöhe oben und unten waagerecht bis zur Laibung einschneiden. Jetzt die Tapete um die Laibung herumziehen und provisorisch andrücken.

12 Mit dem Cuttermesser in die Kante schneiden. Als Hilfsmittel lässt sich auch hier wieder ein Kantenschnittlineal oder ein langes Metall benutzen.

Tapezieren mit Vliestapeten

- 👍 nicht so schwer
- 🕐 dauert seine Zeit
- 💰 sieht aus wie neu

Vliestapeten lassen sich einfach verkleben, weil die Bahnen nicht eingeweicht werden müssen. Alle anderen Arbeitsschritte gleichen grundsätzlich denen beim Tapezieren mit Papiertapete – das Arbeiten aber geht schneller.

VLIESTAPETEN VERKLEBEN

1 Zunächst setzt man den Kleister für Vliestapeten nach Herstellerangaben an.

Die Wand kann sowohl mit einem Quast als auch mit einer Farbrolle eingekleistert werden. Der Kleister wird Bahn für Bahn ganzflächig und dick aufgetragen. Um den Boden vor Kleisterspritzern zu schützen, deckt man ihn am besten mit Plastikfolie ab.

2 Die Tapete kann direkt von der Rolle auf die Wand geklebt werden. Man kann aber auch vorher passende Bahnen zuschneiden. Die Tapete gerade ansetzen (erste Bahn an einem Lot oder mit der Wasserwaage gerade ausrichten) und dann mit der flachen Hand in den Kleister drücken. Die Tapete unten mit einem Cuttermesser entlang eines Stahllineals exakt abschneiden.

3 Die Tapetenbahnen werden Stoß an Stoß verklebt, wobei hier eventuell der Rapport, das ist die Musterwiederholung, zu beachten ist. Leichter geht es, wenn man sich für Tapeten ohne Muster und damit auch ohne Rapport entscheidet.

MAN BRAUCHT

- ✂ Lot oder Wasserwaage
- ✂ Maßband oder Zollstock
- ✂ Cuttermesser
- ✂ Tapezierschere
- ✂ Farbrolle für Dispersions-farbe oder Quast
- ✂ Stahllineal
- 🔧 Andrückrolle
- 🧺 Vliestapete
- 🧺 Tapetenkleister für Vliestapeten

4 Nach dem Aufkleben der Bahn wird mit einem Roller die Tapete fest auf den Untergrund gedrückt. Das ist besonders an den Nahtstellen wichtig, damit sich die Bahnen später an den Rändern nicht so leicht ablösen.

5 Bei Innenecken wird die Tapete nicht um die Ecke gezogen. Stattdessen die eine Wand zu Ende kleben und die letzte Bahn so beschneiden, dass sie ca. 2 cm um die Ecke lappt. An der neuen Wand mit einer ganzen Bahn beginnen. Dabei auf lotrechten Sitz der Tapete achten.

Alten Teppichboden tauschen

👍 erfodert Kraft

⌚ dauert seine Zeit

💰 sieht aus wie neu

Einen Teppichboden auszulegen ist keine Kunst – vor allem wenn der Raum klein und rechtwinklig ist. Am besten fixiert man den Boden mit speziellem Fixierer. Das ist einfacher als Verkleben mit Teppichkleber.

TEPPICHBODEN FIXIEREN

1 Zunächst wird die Teppichbahn auf die benötigte Länge und Breite zugeschnitten. Den Teppichboden im Zimmer ausrollen und zurechtrücken. Überstehende Kanten mit einem Teppichmesser abschneiden.

2 Zum Fixieren wird der Teppichboden bis zur Hälfte des Raums zurückgeschlagen und dann der Fixierer auf dem Boden dünn ausgeschüttet. Dabei immer nur so viel Masse auf den Boden aufbringen, dass man sie mit der Hand noch gut erreichen kann.

TEPPICHBODEN ERNEUERN

Zum Schneiden des Teppichbodens setzt man ein Cuttermesser mit Hakenklingen (Teppichmesser) ein. Diese ermöglichen allerdings nur dann ein sauberes Durchtrennen des Bodens, wenn sie scharf sind. Man sollte deshalb immer ausreichend Ersatzklingen zur Verfügung haben. Ein Stahllineal kann hilfreich sein, ist aber nicht zwingend erforderlich.

Teppichboden-Fixierer hält den Belag an Ort und Stelle. Man verteilt die Masse mit einem Zahnspachtel mit grober Zähnung. Je breiter der Spachtel ist, desto schneller lassen sich Flächen abarbeiten. Die Fixierung sollte exakt zum Teppichboden passen. Bei Nahtstellen setzt man entweder doppelseitiges Teppichbodenband oder aber speziellen Kleber aus der Tube ein.

MAN BRAUCHT

✂ Teppichmesser /
   Cuttermesser
✂ Zahnspachtel

🧺 Teppich
🧺 Fixierer

3 Der Kleber wird dann mit einem Zahnspachtel verteilt. Man arbeitet immer zum Körper hin und verteilt überschüssigen Kleber auf bislang unbearbeitete Flächen.

4 Abschließend den Teppich wieder langsam zurückschlagen. Dabei darauf achten, dass sich keine Beulen bzw. Luftblasen bilden. Dann die andere Teppichboden-hälfte zurückschlagen und so wie die erste Hälfte verkleben.

Kaputte Fliese tauschen

👍 sorgfältig arbeiten?

⏱ braucht 2-3 Tage

💸 sieht aus wie neu

Eine zersprungene Fliese auszutauschen, ist nicht allzu schwer. Wichtig ist vor allem, dass Sie die alte Fliese sauber entfernen und den Untergrund gut reinigen. Beim Verkleben und Verfugen sollte sorgfältig gearbeitet werden.

BODENFLIESE ERNEUERN

1 Für das Entfernen der defekten Fliese benötigen Sie einen Hammer und einen kleinen Meißel.

Entfernen Sie zunächst mit leichten Schlägen das Fugenmaterial rund um die kaputte Fliese. Das ist nicht ganz einfach, da man angrenzende Beläge durch ungenaue Schläge oder einen abgerutschten Meißel schnell beschädigen kann.

2 Nach Entfernen des Fugenmaterials stemmen Sie mit dem Meißel die gesprungene Fliese heraus. Auch dabei ist Vorsicht geboten.

Bevor Sie die neue Fliese einsetzen, müssen Sie die Reste des alten Fliesenklebers mit einem Schaber entfernen und einen glatten, trockenen Untergrund schaffen. Gut geeignet dafür ist z. B. ein Maurerspachtel.

MAN BRAUCHT

⚒ Hammer
⚒ kleiner Meißel
⚒ Maurerspachtel
⚒ Zahnspachtel
⚒ Wasserwaage
⚒ Fugbrett
⚒ Gummiwischer
⚒ Schwamm

🧺 Fliese und Kleber
🧺 Fugenmaterial

3 Den Fliesenkleber mischen Sie nach Herstellerangabe an. Tragen Sie diesen dann mit einem Zahn-spachtel auf die Rückseite der neuen Fliese auf. Die Rillen, die durch die Zähne des Spachtels im Kleber entstehen, sorgen für eine gleichmäßige Verteilung beim Aufdrücken.

4 Legen Sie die neue Fliese an ihren Platz. Es gilt, diese dem Höhenniveau der anderen Flie-sen anzugleichen und die Fugen auf gleichen Abstand zueinander zu bringen. Um den Höhenun-terschied auszugleichen rütteln Sie die Fliese mit leichtem Druck hin und her. Alternativ können Sie dazu einen Gummihammer verwenden.

5 Der Fliesenkleber muss zwei bis drei Tage trocknen. Erst danach mischen Sie das Fugenmaterial wie vom Hersteller beschrieben an. Dann gießen Sie es auf die Fliese und verteilen es mit einem Fugbrett diagonal zum Fugenver-lauf. Wenn alle Fugen gut gefüllt sind, nehmen Sie den Überschuss mit einem Gummiwischer ab.

Fugenfarbe auffrischen

- 👍 ist kinderleicht
- ⏱ schnell erledigt
- 💸 sieht aus wie neu

Dunst, Staub und Schimmel setzen mit den Jahren jeder Fuge zu. Da Schmutz- und Grauschleier nicht nur die Optik stören, sondern auch unhygienisch sind, wird es Zeit für eine Schönheitskur.

FUGENFARBE AUFTRAGEN

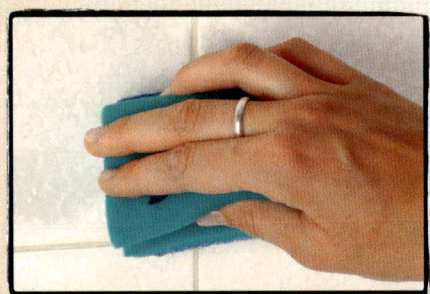 

1 Fugenfarbe erhält man im Fachhandel oder Baumarkt zumeist im Verbund mit einem Spezialschwamm.

Zum Auffrischen zunächst die Fugen gründlich reinigen. Dazu einen Spezialreiniger verwenden. Nach dem Aufsprühen lässt man ihn einwirken und wäscht ihn dann mit Wasser ab.

2 Das Fläschchen mit der Fugenfarbe kräftig schütteln. Dann die Farbe auf die weiche Seite des zugehörigen Schwamms schütten.

SCHIMMELBEFALL BEKÄMPFEN

Gründliches Reinigen der Fugen z. B. mit Scheuermilch beseitigt zwar Fettablagerungen und Schmutz, nicht aber Schimmel. Leichtem Befall kann man zunächst mit Essigwasser und einem festen Schwamm zu Leibe rücken.

Haben die schwarzen Flecken aber bereits überhand genommen, kommt man mit dem Hausmittel allerdings nicht mehr allzu weit. Dann hilft nur der Griff zum Schimmelentferner. Da diese Chemikalie nicht ganz ungefährlich ist, sollte man unbedingt die Anwendungshinweise des Herstellers beachten und vor allem beim Einsatz in der Küche dafür Sorge tragen, dass kein Kontakt mit Lebensmitteln möglich ist.

MAN BRAUCHT

🧺 Fugenfarbe und zugehöriger Schwamm

🧺 Haushaltsreiniger (z. B. Scheuermilch)

3 Jetzt mit dem Schwamm die Farbe über die Fugen wischen. Alternativ kann man die Farbe auch mit einem kleinen Pinsel in den Fugen verstreichen. Nach dem Auftragen muss die Farbe eine halbe Stunde trocknen.

4 Die Restfarbe auf den Fliesen reibt man abschließend mit der harten Seite des Spezialschwamms ab. Dazu den Schwamm mit Wasser befeuchten.

Dichtungsfuge erneuern

- 👍 ist nicht schwer
- ⏱ dauert seine Zeit
- 💰 verhindert Folgekosten

Dichtungsfugen aus Acryl oder Silikon verhindern, dass Feuchtigkeit in Wände oder Möbel eindringt. Undichte Fugen sollten stets umgehend erneuert werden. Das ist nicht schwer, aber es muss sorgfältig gearbeitet werden.

FUGE ERNEUERN

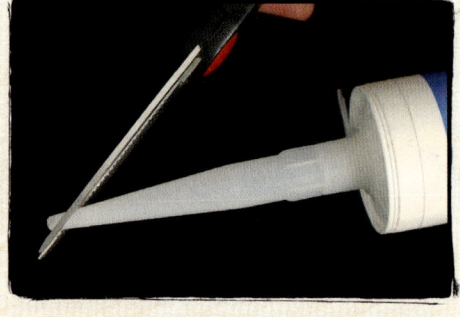

1 Zum Abdichten setzt man eine Silikon- oder Acrylkartusche in eine Kartuschenpresse ein. Vor dem Einsetzen in die Presse wird zunächst der Verschluss der Kartusche aufgeschnitten. Dabei nicht am Rand der Kartusche ansetzen, sondern ausreichend Gewinde für das Aufdrehen der Kartuschenspitze belassen.

2 Die Kartuschenspitze muss ebenfalls angeschnitten werden. Sie wird schräg durchtrennt. Das vereinfacht das Ansetzen und Abziehen der Masse in der abzudichtenden Fuge. Dann die Kartusche in die Presse einsetzen. Dazu den Druckteller der Presse ganz nach hinten fahren. Jetzt kann die Kartusche eingesetzt werden. Sie pumpen so lange am Hebel, bis sich vorne die Kartuschenspitze mit Silikon gefüllt hat.

ALTE FUGEN ENTFERNEN

Um alte Fugen abzudichten ist es erforderlich, die undichte Fugenmasse möglichst vollständig zu entfernen. Am einfachsten geht dies mit einem so genannten Fugenhai, einer speziellen Art von Cuttermesser (siehe Foto). Das gilt besonders für

Fugen, die von Schimmelpilz befallen sind. Hier empfiehlt sich der Einsatz von speziellem Silikon, das vor erneutem Befall besser schützt als Standardsilikon.

MAN BRAUCHT

✂ Kartuschenpresse
✂ Schere/Cuttermesser

🧺 Acryl oder Silikon-
   Kartusche
🧺 Klebeband
🧺 Spülmittelwasser
🧺 Haushaltstücher

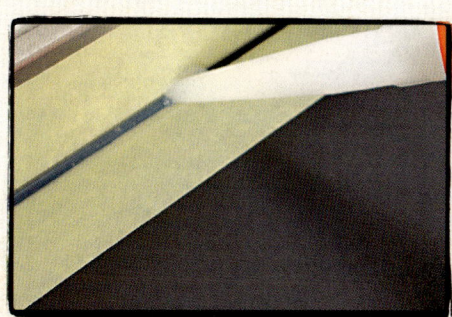

3 Die Ränder der Fugen klebt man am besten mit Kreppband ab.

Die Masse wird nun möglichst gleichmässig in die Fuge gepresst. Dabei drücken Sie den Hebel der Kartuschenpresse langsam durch und ziehen gleichzeitig mit der Spitze an der Fuge entlang.

Halten Sie immer Haushaltstücher bereit, um überschüssiges Material sofort abwischen zu können.

4 In der Regel muss man die Fugen glatt ziehen und überschüssiges Material entfernen. Zum Glattziehen können Sie einen speziellen Glätter benutzen; es geht aber genauso gut mit dem Finger. Der sollte vorher in Spülmittelwasser getaucht werden, damit Acryl oder Silikon nicht an den Fingern haftet. Abschließend wird das Klebeband entfernt.

Spiegel im Bad ankleben

👍 vorsichtig arbeiten?

✓ in 1 Stunde erledigt

💰 spart den Glaser

Ein Spiegel ist im Bad genauso unverzichtbar wie fließendes Wasser. Ihn selbst zu montieren, ist eigentlich kein Problem. Am elegantesten und preiswertesten ist es, den Spiegel mit Spezialkleber auf die Fliesen zu kleben.

SPIEGEL ANKLEBEN

1 Vor dem Verkleben stellt man den Spiegel provisorisch an seine Position, um zu überprüfen, ob er auch passt. Liegt der Spiegel z. B. auf dem Boden oder einem Sockel auf, wird mit der Wasserwaage überprüft, ob er auch gerade steht. Eventuell einen kleinen Keil an der Seite unterschieben, an der der Spiegel angehoben werden muss, oder Position mit Bleistift markieren.

2 Der Spiegel wird mit zwei Klebemitteln an der Wand fixiert: Doppelseitige Spiegel-Klebebänder halten ihn unmittelbar nach dem Andrücken an die Wand in Position. Spezieller Spiegelkleber aus der Kartusche sorgt für die dauerhafte Verbindung. Zunächst einige Streifen Klebeband senkrecht auf die Spiegelrückwand aufkleben.

DIE BEFESTIGUNGSMÖGLICHKEITEN

Für die Befestigung eines Spiegels bieten sich vier Alternativen an:

Verkleben: Der Spiegel wird mit speziellem Spiegelklebeband und/oder Spiegelkleber auf der Wand fixiert.

Unsichtbare Halter (Click-Halterung): Auf dem Spiegel und an der Wand bringt man Montageplatten an, die den Spiegel anschließend unsichtbar halten.

Klammern: Am unteren und oberen Spiegelrand werden mindestens vier Klammern in der Wand befestigt, die den Spiegel halten.

Aluschienen: Statt der Klammern befestigt man spezielle Schienen aus Aluminium, die zuvor auf die Spiegelbreite zugeschnitten wurden.

Spiegel bieten Fachgeschäfte und Glaser in den zwei Standardstärken 4 und 6 mm an. Alle Spiegel, die gehängt werden, sollten 6 mm stark sein. Nur beim Verkleben von kleineren Spiegeln sind 4 mm ausreichend. Klammern und Schienen haben den Nachteil, dass die Befestigung sichtbar bleibt. Eleganter ist die unsichtbare Halterung. Deshalb sind Verkleben und unsichtbare Halter zu empfehlen, zumal die benötigten Materialien nicht allzu teuer sind.

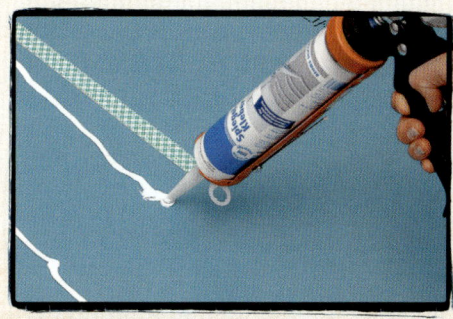

3 Dann Spiegelkleber aus der Kartusche aufbringen Der Kleber wird in Abständen von ca. 10 cm in senkrechten Bahnen aufgetragen. Nicht quer oder s-förmig auftragen, da ansonsten Kondenswasser wesentlich langsamer abtrocknet und den Spiegel von hinten angreifen kann. Nach dem Auftragen des Klebers Schutzband des doppelseitigen Klebebands abziehen.

4 Den Spiegel dann an die Wand kleben. Er kann nach dem Kleben nicht mehr verrückt werden. Den Spiegel deshalb entweder unten auflegen oder entlang einer mit Bleistift angezeichneten Seitenmarkierung ansetzen. Dann Spiegel fest mit der flachen Hand auf die Wand drücken. Dabei an mehreren Stellen drücken.

PARATUREN

OB DAS AUFARBEITEN
VON MÖBELN ODER
DAS VERKLEBEN VON
ZERBROCHENEM:
IN JEDEM HAUSHALT
FALLEN IMMER
WIEDER KLEINERE
REPARATUREN AN.
DIESES KAPITEL STELLT
DIE WICHTIGSTEN
ARBEITEN VOR, DIE
SCHNELL UND EINFACH
ZUM ERFOLG FÜHREN.

Basics: Lasuren und Lacke

Bei Lacken und Lasuren gibt es erhebliche Qualitätsunterschiede, die vor allem die Festigkeit der Oberfläche, die so genannte Stoß- und Schlagfestigkeit, sowie die Umweltverträglichkeit betreffen.

LASUREN

Lasuren erzeugen eine leicht glänzende, durchgängige Schicht auf der Oberfläche von Holz. Sie lassen dabei – im Gegensatz zu den Lacken – die Maserung des Holzes durchscheinen. Die dünnflüssigen Produkte gibt es in zahlreichen Farben und Holztönen – durch das Lasieren schützt und tönt man also in einem Arbeitsgang.

Je öfter man die Lasur aufträgt, desto deutlicher tritt die Tönung zu Tage und um so dunkler wird sie. Lasuren werden meistens in zwei oder drei Schichten auf die fein geschliffene, staubfreie Oberfläche aufgetragen. Die erste Schicht dient gleichzeitig als Grundierung – sie sollte 24 Stunden durchtrocknen und dann erneut leicht mit feinem Schleifpapier angeraut werden. Wenn man eine besonders helle Tönung erzielen möchte, trägt man zum Grundieren farblose, und erst im zweiten Arbeitsgang dann die getönte Lasur auf.

LACK

Beim Lackieren wird die Oberfläche des Holzes mit einer sehr strapazierfähigen, matten oder glänzenden Schutzschicht versehen. Lacke gibt es in vielen Farbtönen sowie als farblosen Klarlack. Für ein perfektes Ergebnis wird die Oberfläche vor dem Lackieren grundiert. Der Lack wird dann in einer deckenden Schicht aufgetragen.

DIE BASIS

Die Produkte bestehen im Wesentlichen aus den drei Grundsubstanzen Lösemittel, Bindemittel und Pigmente, denen unterschiedliche Zusatzstoffe beigemengt werden. Beim Austrocknen verdunstet das Lösemittel und sorgt so dafür, dass Bindemittel und Pigmente eine durchgängige, harte Schicht bilden.

Bei konventionellen Lacken auf Kunstharzbasis (Alkydharz-Lacke) werden dabei in großen Mengen organische Lösemittel freigesetzt, die die Atmosphäre belasten. Das Einatmen dieser Stoffe in großer Konzentration ist außerdem gesundheitsgefährdend.

Deshalb hat man Lacke auf Wasserbasis entwickelt (Acryl-Lacke), bei denen weitgehend auf organische Lösemittel verzichtet werden kann. Allerdings haben diese Lacke einige Nachteile, vor allem bei der Verarbeitung. Außerdem sind sie lange nicht so widerstandsfähig, stoß- und schlagfest.

Hölzer aufarbeiten

Ganz gleich, ob Sie Holz lasieren oder lackieren, wachsen oder beizen möchten: Ein perfektes Ergebnis erzielt man nur, wenn das Material gründlich vorbehandelt wurde.

HÖLZER REINIGEN

Vor dem Wachsen, Beizen, Lackieren oder Lasieren von unbehandeltem Holz muss dieses gründlich gereinigt werden. Am besten wäscht man das rohe Holz mit heißem Wasser ab; bei starken Verunreinigungen setzt man dem Wasser Kernseife zu und schrubbt die Oberfläche mit einer Bürste gründlich ab. Auch alte Beize kann man so entfernen.

Das Abwaschen hat dabei nicht nur reinigende Wirkung: Durch das Wasser quellen die Oberflächenfasern auf – manch kleine Unebenheit in der Oberfläche gleicht sich dabei von selbst wieder aus. Zudem nimmt das Holz später Beizen oder Grundierungen besser auf. Vor jeder weiteren Behandlung muss abgewaschenes Holz komplett austrocknen.

Alte Schutzanstriche lassen sich aber nicht so einfach entfernen – sie müssen gründlich abgeschliffen werden. Bei lackierten Hölzern vereinfacht man sich die Arbeit, indem man zunächst versucht, den Lack abzubeizen. Dazu bietet der Fachhandel Abbeize an, die aufgestrichen wird. Abbeizen ist aber nicht bei allen Lacken möglich.

Eine weitere Möglichkeit ist, den Lack mit einem Heißluftgebläse – einem sehr heißen Fön, den es im Baumakt gibt – anzuschmelzen, wobei kräftig gelüftet werden muss, weil unangenehme Dämpfe freigesetzt werden. Die zähflüssige Lackschicht nimmt man dann mit einem Spachtel auf.

HÖLZER SCHLEIFEN

Das Schleifen ist die wichtigste Vorarbeit. Hier entscheidet sich, wie eben die Oberfläche am Ende wirkt, und wie gut vor allem Lacke und Lasuren haften. Geschliffen wird mit Schleifpapier, das man anhand der Körnung unterscheidet.

Holz wird grundsätzlich dreimal abgeschliffen: Erst wird mit einem groben Schleifpapier (100er bis 120er Körnung) vorgeschliffen und dann mit 180er bis 200er Körnung nachgearbeitet. Für den abschließenden Feinschliff setzt man eine Körnung von 240 bis 280 ein.

Kleinere Flächen, Ecken, Kanten und Rundungen schleift man mit der Hand. Dazu setzt man einen Schleifklotz ein, damit eine ebene Fläche entsteht. Schleifmaschinen setzt man besser nur bei größeren Flächen ein. Alle Schleifmaschinen entfalten nur bei besonderen Aufgaben ihre speziellen Stärken: Deltaschleifer eignen sich besonders gut für Ecken und Winkel, Schwing- und Exzenterschleifer besonders gut für Flächen.

Hölzer lackieren oder lasieren

👍 sorgfältig Arbeiten?

🕐 braucht seine Zeit

💰 sieht aus wie neu

Alte Möbelstücke, Türen oder Fenster aus Holz sind wertvoll und erhaltungswürdig. Der Aufwand bei der Renovierung ist zwar hoch und zeitintensiv – bei sorgfältigem Arbeiten allerdings lohnt er sich allemal.

ALTE HÖLZER NEU LACKIEREN

1 Das Holz zunächst gründlich mit grobem Schleifpapier abschleifen und so auch evtl. alte Anstriche entfernen. Kratzer und Macken gleichen Sie mit Holzspachtelmasse aus. Die Schadstelle fein anschleifen und mit Holzgrundierung einstreichen. Die Spachtelmasse mit einem Spachtel glatt über der Schadstelle abziehen. Nach dem Aushärten alles mit feinem Schleifpapier schleifen.

2 Vor dem Lackieren oder Lasieren wird das Holz mit einer zu Lack/Lasur passenden Grundierung gestrichen. Dabei werden zunächst die Ecken und Kanten mit der Grundierung behandelt, dann folgen die größeren Flächen.

SCHADSTELLEN AUSSPACHTELN

Tiefe Kratzer oder kleinere ausgebrochene Stellen werden mit spezieller Holzspachtelmasse geglättet. Diese gibt es verarbeitungsfähig in verschiedenen Holztönen oder aber als Universalspachtel zum Überlackieren. Die Spachtelmasse nimmt man mit einem handelsüblichen Spachtel auf, setzt diesen leicht schräg auf der Holzoberfläche an und zieht dann in einem Zug die Spachtelmasse über dem Holz ab.

Die Spachtelmasse kann nach dem Austrocknen geschliffen werden – das vereinfacht erheblich das Nachempfinden von Formen. Da das Schleifen arbeitsaufwendig ist, sollte man nicht zu viel Spachtelmasse auftragen.

MAN BRAUCHT

- ✗ evtl. Spachtel
- ✗ Schleifpapier
- ✗ Schleifklotz
- ✗ Pinsel
- ✗ Lackrolle

- 🧺 evtl. Spachtelmasse
- 🧺 Grundierung
- 🧺 Lack

3 Größere Flächen grundieren Sie dann mit einer Lackwalze. Dabei sollte das Holz möglichst waagerecht liegen (z. B. auf Böcken), damit die Grundierung keine Tropfnasen bildet.

Nach dem Trocknen der Grundierung wird erneut fein abgeschliffen. Dazu feines Schleifpapier mit 280er Körnung verwenden.

4 Jetzt wird das Holz lackiert oder lasiert. Dabei verfahren Sie wie beim Grundieren: Erst die Ecken und Kanten mit dem Pinsel ausstreichen und dann die großen Flächen mit der Walze streichen. Dabei «nass in nass» arbeiten und die Fläche in einem Arbeitsgang lackieren. Bei Lasuren den Arbeitsgang mehrfach wiederholen, bis schließlich die gewünschte Deckkraft erreicht ist.

Hölzer wachsen oder beizen

👍 sorgfältig Arbeiten?

🕐 braucht seine Zeit

💸 sieht aus wie neu

Wenn die Oberfläche eines alten Möbelstücks wieder wie neu aussehen soll, bietet es sich an, das Holz zu wachsen. Beim Beizen kommt besonders gut die urspüngliche Wirkung von antiken Stücken zur Geltung.

MÖBELSTÜCK WACHSEN

1 Wachsen ist die einfachste und schnellste Art, Hölzer aufzuarbeiten. Das Wachs gibt es in verschiedenen Konsistenzen: entweder zum Aufstreichen mit dem Pinsel oder zum Einreiben mit einem Poliertuch. Beim Verarbeiten richten Sie sich nach den Herstellerangaben. Wichtig ist, dass das Wachs gleichmäßig aufgetragen wird und auch Vertiefungen erreicht.

2 Seine natürliche Optik erhält das Möbelstück durch das anschließende Polieren. Dabei sollten Sie gründlich vorgehen und das Möbelstück mit einem Poliertuch so lange bearbeiten, bis sich die Oberfläche nicht mehr fettig anfühlt.

SPEZIELLE VORGABEN

Für das Behandeln von Holzmöbeln oder Spielzeugen für Kinder sollten nur Holzschutzprodukte eingesetzt werden, die als „speichel- und schweißecht nach DIN 533160" gekennzeichnet sind.

Für den Holzschutz im Außenbereich bietet der Handel spezielle Produkte an, die auch nur hier verwendet werden sollten.

Lack-Spraydosen eignen sich hervorragend, um kleinere Flächen sauber zu lackieren.

Eine ganze Reihe von Produkten für die Holzbearbeitung trägt den blauen Umweltengel als Zeichen für besondere Umweltverträglichkeit. Diese sind deshalb besonders zu empfehlen.

MAN BRAUCHT

- ⚒ Feines Schleifpapier
- ⚒ Pinsel
- ⚒ Schwamm
- ⚒ Poliertuch
- 🧺 Wachs oder
- 🧺 Beize

MÖBELSTÜCK BEIZEN

1 Durch Beizen färben Sie das Holz. Je öfter Sie die Beize auftragen, desto dunkler wird das Holz. Der Handel führt Beize in verschiedenen Holztönen.

Bevor Sie mit dem Auftragen beginnen, reinigen Sie das Holz und wässern es dann mit einem Schwamm. Dadurch quellen die Holzfasern auf und die Oberfläche glättet sich.

2 Nach dem Trocknen tragen Sie die Beize mit einem Pinsel auf. Optimal ist es, wenn die Oberfläche waagerecht liegt – dann verläuft die dünnflüssige Beize gut. Beim Beizen von senkrechten Flächen ist dies nicht der Fall. Beim Aufstreichen sollten Sie möglichst gleichmäßig arbeiten. Je mehr Beize man aufträgt, desto dunkler wird das Holz.

Schiefe Schranktür ausrichten

- 👍 ist sehr einfach
- ⏱ dauert nur Minuten
- 💸 kostet nichts

Nach einigen Jahren sitzen Schranktüren nicht mehr so gerade wie zu Beginn. Durch ein paar Drehungen mit dem Schraubenzieher an den Einstellschrauben der Scharniere ist solch ein Schiefstand schnell behoben.

VERSTELLUNGEN VERÄNDERN

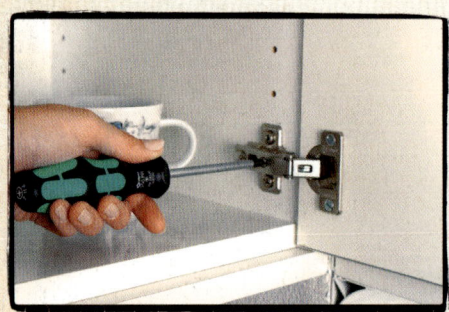 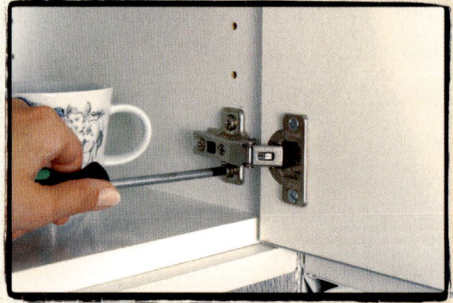

1 Die Scharniere sind nicht alle gleich, doch das Grundprinzip, wie sie eingestellt werden, ähnelt sich jeweils. Es gibt drei Einstellmöglichkeiten (siehe rechts). Bei den meisten Scharnieren befindet sich die Einstellschraube etwas links von der Mitte. Bei einigen Scharnieren wird die Schraube von einem Metallplättchen abgedeckt, das Sie mit einem Schraubenzieher abwinkeln können.

2 Bei stark abgesenkten Türen kann es erforderlich werden, die Tür etwas anzuheben. Bei Standardscharnieren nehmen Sie die Höhenverstellung an der Befestigung der Montageplatte vor. Diese ist mit zwei Schrauben in der Schrankwand fixiert.

AUFLAGENVERSTELLUNG

Mit der Auflagenverstellung richten Sie Türen, die sich zu einer Seite absenken. Eine halbe Umdrehung an der Einstellschraube reicht oft schon aus. Orientieren Sie sich beim Ausrichten an den Spalten links und rechts zur Schrankwand.

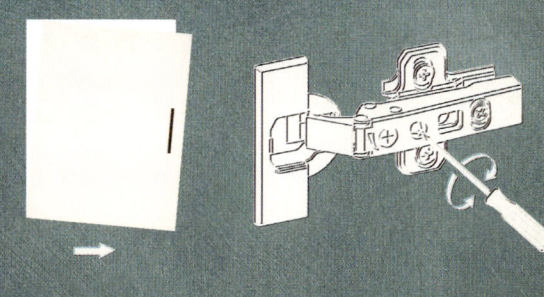

TIEFENVERSTELLUNG

Mit der Tiefenverstellung regulieren Sie die Abstände der Tür oben und unten zum Schrank selbst. Auch hier reichen in der Regel schon wenige Umdrehungen an der hinten liegenden Einstellschraube aus, um die Tür wieder ins richtige Lot zu bringen.

HÖHENVERSTELLUNG

Die zwei Schrauben, mit der die Montageplatte in der Schrankwand gehalten wird, haben in der Vertikalen etwas «Spiel», also Bewegungsraum. Durch Anlösen der zwei Schrauben können Sie deshalb die Schranktür in der Höhe verstellen. Zum Ausrichten der Höhe müssen immer die Schrauben von beiden Montageplatten gelöst werden. Bei einigen Scharnieren ist allerdings das Lösen der Montageplatte nicht erforderlich. Am Beschlag befindet sich eine so genannte Exzenterschraube, bei der Sie durch einfaches Drehen die Tür in der Höhe justieren können.

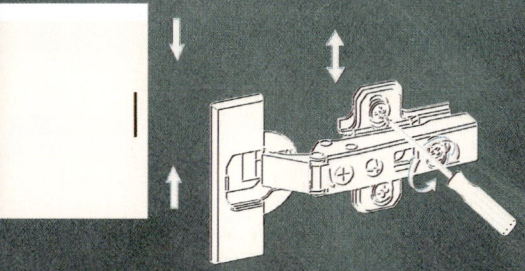

Ausgebrochene Schranktür reparieren

👍 ist gar nicht so schwer

🕐 in 1 Stunde erledigt

💸 kostet so gut wie nichts

Wenn die Küche in die Jahre kommt, kann leicht eine Schranktür ausbrechen. Doch deshalb muss noch lange keine neue Küche her. Obwohl der Schaden groß zu sein scheint, lässt er sich ohne großen Aufwand beheben.

DER TRICK MIT DEM DÜBEL

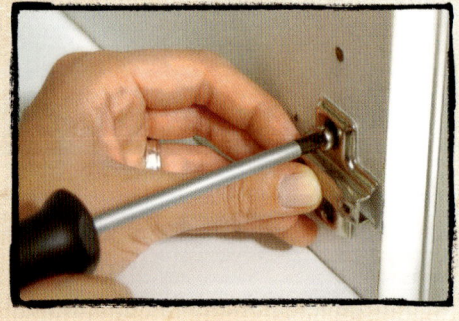 

1 Zuerst nimmt man die Tür ab. Bei den meisten Küchen ist sie nur eingeklickt. Wenn man hinten gegen das Scharnier drückt, springt die Tür heraus.

🔺 **Achtung: Die Tür beim Rausklicken gut festhalten!**

Wenn man die Tür abgenommen hat, lässt sich die Halterung für das Scharnier mit einem Schraubendreher herausschrauben.

2 Jetzt wird das ausgebrochene Loch so vergrößert, dass man den Holzdübel darin verleimen kann. Um das Loch zu „stopfen", reicht meistens ein 8 mm-Holzdübel aus. Dementsprechend setzt man einen 8 mm-Holzbohrer ein, um das Loch passend zum Dübel auszubohren.

🔺 **Achtung: Nicht zu tief in die Schrankwand bohren!**

Das Problem bei der ausgebrochenen Tür ist nicht die Tür selbst. Vielmehr sitzt die Schraube, die das Tür-scharnier halten soll, nicht mehr fest an ihrem Platz. Genau genommen ist also nicht die Tür ausgebrochen, sondern das Löchlein in der Schrankwand, in der die Scharnierschraube sitzt.

Man muss also die Schrankwand so reparieren, dass die Schraube wieder festen Halt findet. Dazu setzt man ein neues Stück Holz an der ausgebrochenen Stelle in die Wand ein.

Ganz einfach geht's mit dem Holzdübel-Trick. Der besteht darin, das Loch zunächst mit einem 8mm-Holz-bohrer so zu vergrößern, dass man anschließend darin einen 8 mm-Holzdübel verleimen kann.

MAN BRAUCHT

✗ Kreuzschlitzdreher
✗ Akkubohrer
✗ 8mm-Holzbohrer
✗ Feinsäge

🧺 8mm-Holzdübel
🧺 Leim

3 Den Dübel dann an einem Ende in Holzleim tauchen. Am einfachsten geht's, wenn man einen Topf mit Leim verwendet.

Jetzt wird der Dübel in das aus-gebohrte Loch gesteckt. Er sollte möglichst tief eingedrückt werden. Nötigenfalls muss man den Dübel mit leichten Hammerschlägen versenken.

4 Wenn der Leim getrocknet ist, sägt man den noch heraussthen-den Teil des Dübels ab.

Am besten eignet sich eine Fein-säge, mit der man direkt an der Schrankwand entlang sägen kann.

Umleimer erneuern oder neue Kanten aufbügeln

👍 ist gar nicht so schwer

🕐 in kurzer Zeit erledigt

💵 sieht aus wie neu

Umleimer – so nennt man die Kanten von beschichteten Pressspanplatten. Wenn diese beschädigt sind, kann man sie sehr einfach ersetzen. Auch die Kanten von neuen Platten lassen sich leicht beschichten.

KANTEN UMLEIMEN

1 Umleimer bieten Baumärkte in allen gängigen Holzdekoren an: von Buche über Eiche bis hin zu einfarbigen Melaninbeschichtungen. Von der zum Möbelstück passenden Rolle wird zunächst ein ausreichend langes Stück (Kantenlänge plus 1-2 cm) mit der Schere abgeschnitten. Am einfachsten ist es, den Umleimer auf der Kante des hochgestellten Bretts abzurollen.

2 Der Umleimer wird einfach aufgebügelt. Das Bügeleisen stellen Sie auf höchste Temperatur und bügeln den Umleimer dann unter leichtem Druck auf. Dabei sollten Sie darauf achten, dass die Kante vollständig bedeckt wird und der Umleimer an beiden Seiten etwas übersteht. Danach lassen Sie das Werkstück ein paar Minuten auskühlen.

KANTEN ABZIEHEN

Das Abziehen des überstehenden Umleimers mit der Feile ist zwar theoretisch einfach, richtig leicht fällt es aber erst, wenn man ein wenig Erfahrung hat. Bevor Sie das erste Mal eine Kante abziehen, empfiehlt es sich deshalb, dies zu üben. Fragen Sie beim Zuschnitt im Baumarkt nach einem kleinen Reststück Pressspanplatte zum Üben.

Alternativ zur Feile können Sie auch ein Cuttermesser benutzen. Allerdings lässt es sich nicht so leicht führen wie die Halbrundfeile. Es besteht immer die Gefahr, dass man zu viel Umleimer abschneidet und die Kanten dadurch nicht perfekt aussehen.

MAN BRAUCHT

- Schere
- Bügeleisen
- Halbrundfeile
- Schleifklotz

- Umleimer
- feines Schleifpapier
  z. B. 240er Körnung

3 Der überstehende Umleimer wird mit einer kleinen Halbrundfeile entfernt. Dabei wird die Feile wie ein Messer eingesetzt; es wird also nicht richtig gefeilt, sondern eher geschnitten. Die Feile am unteren Ende leicht schräg an der Kante ansetzen und mit leichtem Druck in einem Zug an der Kante so abziehen, als wollten Sie die Kante mit einem Messer abschneiden.

4 Abschließend werden die Kanten mit sehr feinem Schleifpapier (z. B. 240er Körnung) geglättet. Achten Sie darauf, dass sie nur die Kanten leicht anschleifen und nicht die Flächen. Besonders einfach gestaltet sich das Schleifen, wenn Sie das Papier um einen Schleifklotz wickeln.

Basics: Klebstoffe

Das Angebot an Klebstoffen ist in den letzten Jahren sprunghaft gestiegen: Heute erhält man für alle erdenklichen Befestigungssaufgaben spezielle Kleber mit zum Teil enormen Kräften. Aber: Welchen der oft sehr teuren Kleber braucht man wirklich und welchen wofür? Hier eine kleine Übersicht:

ALLESKLEBER

Der Kleber aus der Tube ist, wie der Name schon sagt, der richtige Klebstoff für „Alles". Und wenn man es genau nimmt, braucht man bei den meisten Reparaturen im Haushalt keinen anderen Kleber. Ob Leder, Glas oder Holz – Alleskleber verbindet fast alle Materialien gleich gut. Ihm Fehlen zwar die besonderen Eigenschaften von Spezialisten – wie z. B. einem unsichtbaren Glaskleber –, den Zweck des Klebens aber erfüllt auch er zuverlässig.

Beim Kauf des Klebers sollte man auf ein lösungsmittelfreies Produkt achten. Dieses weist noch universellere Klebeeigenschaften als ein lösungsmittelhaltiger Kleber auf. Zudem ist es auch weitgehend geruchsneutral.

Der zumeist recht flüssige Kleber wird nur einseitig aufgetragen und eignet sich besonders gut zum Verkleben größerer Flächen.

SEKUNDENKLEBER

Sekundenkleber lassen sich als die flinken, kleinen Geschwister des Allesklebers betrachten. Sie kleben genauso stark und zuverlässig, härten aber sehr viel schneller aus. Bereits nach wenigen Sekunden hält die Verbindung, wenngleich auch der Sekundenkleber in der Regel erst nach 24 Stunden ganz ausgetrocknet ist.

Bei den Sekundenklebern, die vor allem für punktgenaues Verkleben die richtige Wahl sind, ist das Angebot besonders groß. Die Produkte unterscheiden sich in erster Linie in ihrer Konsistenz – Sekundenkleber-Gel ist beispielsweise sehr zähflüssig – sowie in ihrer Verpackungsform. Den Kleber gibt es so mittlerweile auch in einem Spender oder zum Aufpinseln. Bei allen Produkten muss immer nur eine der beiden zu verklebenden Flächen mit Klebstoff bestrichen werden.

Teure Markenprodukte unterscheiden sich von No-Name-Ware nicht nur in der garantierten Klebkraft, sondern auch in der Verpackung. So wird es beispielsweise erst durch spezielle Verschlüsse möglich, einen einmal angebrochenen Sekundenkleber mehrmals zu verwenden.

KOMPONENTEN-KLEBER

ALLES-KLEBER

MONTAGEKLEBER

SPEZIAL-KLEBER

STRIPES

KLEBE-KNETE

KRAFTKLEBER

SEKUNDENKLEBER

KRAFTKLEBER

Sie sind die Kraftmeier unter den Standardklebern – ihre Verbindungen können enormen Belastungen standhalten. Der klare Vorteil eines Kraftklebers liegt in der langen offenen Zeit - bis zu 2 Stunden! Deshalb eignet sich diese Klebstoffklasse für großflächige Anwendungen.

Durch die hohe Soforthaftung können sogar spannungsreiche Materialien wie Schuhsohlen verklebt werden. Im Gegensatz zum Alleskleber müssen hier allerdings immer beide zu verklebenden Seiten eingestrichen werden.

KOMPONENTENKLEBER

Bei Komponentenklebern handelt es sich um Spezialisten, die erst dann ihre Klebekraft entfalten, wenn zwei zusammengehörige aber unterschiedliche Substanzen miteinander vermengt werden wie z. B ein Harz und ein Härter.

Komponentenkleber gibt es für die verschiedensten Anwendungen. Für Reparaturen zuhause sind vor allem die Kneten interessant: Die beiden Komponenten

werden miteinander verknetet. Die dabei entstehende, zähe Masse ist z. B. besonders gut geeignet, Löcher in der Wand zu verkleben (siehe auch Seite 122).

STRIPES

Bei Stripes handelt es sich um eine spezielle Art von doppelseitigem Klebeband. Die wiederablösbaren, kleinen Klebestreifen eignen sich z. B. hervorragend, um Handtuchhaken an der Wand aufzuhängen.

MONTAGEKLEBER

Dieser Kleber aus der Kartusche ist für größere Aufgaben gedacht. Man setzt ihn vor allem im Bau ein, beispielsweise, um größere Platten miteinander oder auf Wänden zu verkleben.

SPEZIALKLEBER

Diese Produkte sind für sehr eng umrissene Aufgaben ausgelegt wie beispielsweise Porzellankleber. Man benötigt diese Kleber zuhause nur selten. In der Regel reicht es aus, für dieselben Aufgaben Alles- oder Kraftkleber zu verwenden.

Abgebrochenes wieder ankleben

👍 erfordert Ruhe
🕐 ist schnell erledigt
💸 sieht aus wie neu

Der abgebrochene Henkel einer Kaffeetasse ist der große Klassiker unter den Reparaturen mit Klebstoff. Damit die Reparatur auch hält, muss man die Klebeflächen vor allem gründlich reinigen und mit Ruhe anpressen.

KLEBEN MIT SEKUNDENKLEBER

1 Beim Verkleben auch von kleinen Gegenständen gilt es zunächst, die Klebeflächen möglichst gründlich zu reinigen. Bei ganz kleinen Objekten kann man dazu gut eine alte Zahnbürste verwenden.

Der Sekundenkleber wird nur dünn auf eine der Klebeflächen aufgetragen.

2 Die Klebeflächen werden dann gegeneinander gepresst. Wichtig ist, die geklebten Flächen einige Sekunden, besser noch eine Minute, ganz ruhig zu halten, so dass der Kleber anziehen kann. Zum kompletten Austrocknen braucht auch Sekundenkleber 24 Stunden.

KLEBEN STATT BOHREN

Wenn es um die Kraft von Klebern geht, greifen die Marketingstrategen der Hersteller zu griffigen Formulierungen. Allerdings: Damit die Kleber ihr ganzes Kraftpotential entfalten können, müssen die Voraussetzungen stimmen. So könnte man beispielsweise theoretisch einen Küchenschrank an nur zwei Klebepunkten an der Wand aufhängen. Den Belastungen würde der Klebstoff ohne weiteres Stand halten, wenn – und das ist der springende Punkt – der Untergrund ideal ist (z. B. aus Beton besteht) und der Klebstoff richtig verarbeitet wird. Da man das aber nicht immer selber richtig einschätzen und gewährleisten kann, empfiehlt es sich nach wie vor, bei den Aufhängungen zu Dübeln und Schrauben zu greifen.

MAN BRAUCHT

- ✖ Reinigungsbürste oder -schwamm
- ✖ evtl. Zahnbürste
- ✖ evtl. Schleifpapier
- ✖ evtl. Spachtel
- 🧺 Klebstoff

KLEBEN MIT ALLESKLEBER

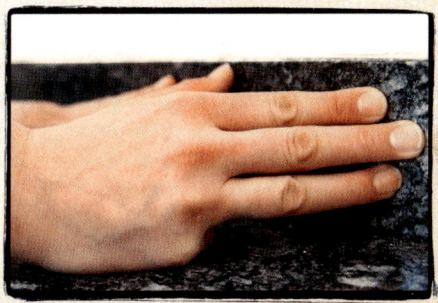

1 Alleskleber ist vor allem beim Verkleben größerer Flächen anzuraten, wie im Bildbeispiel zum Ankleben einer abgelösten Fliese. Mit Fliesenkleber zu arbeiten wäre hier viel zu aufwendig. Zunächst muss die Fliese gründlich gereinigt werden, am besten schleift man alten Kleber ab. Dann wird die Fläche gleichmäßig mit Alleskleber eingestrichen. Dazu benutzt man am besten einen Spachtel.

2 Beim Verkleben selbst kommt es auch hier vor allem darauf an, die zu klebenden Flächen so lange ruhig aufeinander zu drücken, bis der Kleber angezogen hat. Grundsätzlich gilt: Je länger man die zu verklebenden Teile ruhig in Position hält, desto besser. Eine Minute sollte es in der Regel mindestens sein.

Reparaturen mit Klebeknete

- 👍 ist relativ einfach
- ⏱ zügig erledigt
- 💰 spart den Neukauf

Die schiefhängende Handtuchstange ist das typische Beispiel für eine ausgebrochene Aufhängung. Der Dübel in der Wand hält nicht mehr. Mit Klebeknete lässt sich das aber leicht und schnell reparieren.

AUSGEBROCHENER WANDDÜBEL

1 Den schiefhängenden Halter zunächst demontieren und den ausgebrochenen Dübel aus dem Loch ziehen.

Lässt sich der Dübel nicht fassen, gibt es einen Trick: Einfach eine Schraube etwas in den Dübel drehen – dann kann man den Dübel ganz leicht an der Schraube aus der Wand ziehen.

2 Bei der Klebeknete handelt es sich um einen Zweikomponetenkleber. Erst durch Kneten zwischen den Fingern entsteht aus den zwei Massen ein starker Klebstoff. Man knetet so lange, bis die Knete eine einheitliche Farbe aufweist. Zum Schutz empfindlicher Haut beim Kneten empfehlen sich Einmalhandschuhe.

KLEBEFLÄCHEN NACHBEARBEITEN

Wenn Klebstoffe wie die hier verwendete Klebeknete komplett ausgehärtet sind, lassen sie sich
wie andere Materialien auch bearbeiten. So kann
man sie beispielsweise schleifen.

Der Klebstoff härtet dabei so stark aus, dass man
sogar Löcher hinein bohren kann. Das kann z. B.
erforderlich sein, wenn wie bei dem eingeklebten
Dübel eine Schraube verwendet wird, die länger
als der Dübel ist. Dann lässt sie sich nicht komplett in den Dübel eindrehen, ohne dass man
zuvor durch den Dübel hindurch ein kleines Loch
gebohrt hat. Dazu reicht ein leistungsstarker Akkuschrauber mit einem 6er Steinbohrer aus.

MAN BRAUCHT

- Schraubendreher
- evtl. Spachtel oder Cuttermesser
- neuer Dübel
- Klebeknete

3 Bei größeren Löchern wird die
Knete direkt in die Öffnung gedrückt; anschließend drückt man
dann den Dübel in die Knete.
Bei kleineren Löchern empfiehlt
es sich aber, den Dübel mit Knete
zu umwickeln und ihn dann in das
Loch zu drücken. Eventuell überschüssiges Material auf der Wand
entfernt man am besten sofort,
z. B. mit einem Spachtel oder
einem Cuttermesser.

4 Die Knete zieht nicht allzu schnell
an – man hat ausreichend Zeit,
eventuelle Korrekturen vorzuneh-
men. Bis der Dübel wieder voll
belastet werden kann, sollte man
24 Stunden warten – dann ist die
Knete komplett ausgehärtet.

Abschließend den Halter wieder
montieren.

Alte Heizkörper entrosten und neu lackieren

- 👍 sorgfältig arbeiten?
- 🕐 dauert seine Zeit
- 💰 spart neue Heizkörper

Unansehnliche oder angerostete Heizkörper wirken wie Fremdkörper in renovierten Räumen. Nach einer Schönheitskur mit speziellem, besonders temperaturbeständigen Heizkörperlack wirken sie wie neu.

HEIZKÖRPER LACKIEREN

1 Vor dem Lackieren muss der Heizkörper gründlich abgeschliffen werden. Dort, wo lediglich der Lack aufgefrischt werden soll, reicht es aus, den Heizkörper mit Schmirgelpapier anzurauen. Roststellen hingegen sollten möglichst bis auf das blanke Metall abgeschliffen werden. Diese Arbeit erleichtert ein Stahlbürstenvorsatz für Bohrmaschinen. Bei planen Heizkörpern kann man auch eine Schleifmaschine nutzen.

2 Nach dem Abschleifen muss man den Heizkörper bestmöglich entstauben.

Plane, bis aufs blanke Metall abgeschliffene Stellen werden mit einem Rostschutzmittel für Eisen und Stahl vorlackiert. Dies verhindert, dass sich neue Korrosion bildet. Dabei die Einwirk- und Trockenzeit des Rostschutzmittels beachten.

VORBEREITUNG

Bei Beginn der Arbeiten muss der Heizkörper kalt sein; der Lack selbst zieht bei Zimmertemperatur zwischen 18 und 22°C besonders gut an.

Wichtig ist, den Boden unter dem Heizkörper vor allen Pinselarbeiten gut abzudecken, am besten mit Plastikfolie. Es ist fast unvermeidlich, dass Lack vom Pinsel tropft.

MAN BRAUCHT

- ✂ Schleifklotz
- ✂ Bohrmaschine
- ✂ Stahlbürsten-
  aufsatz
- ✂ evtl. Schleif-
  maschine
- ✂ Pinsel
- ✂ Lackwanne

- 🧺 Schleifpapier
  mit grober
  Körnung, z.B.
  120er Körnung
- 🧺 Abdeckplane
- 🧺 Heizkörperlack
- 🧺 passende
  Grundierung

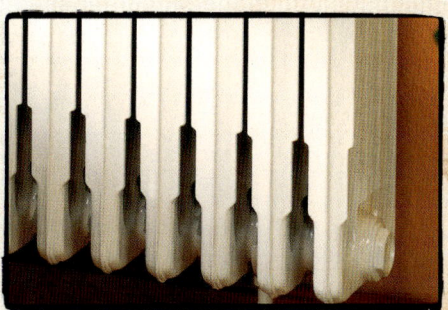

3 Bei wasserverdünnbaren Lacken ist eine Grundierung unerlässlich. Wichtig: Die Grundierung sollte exakt zum Lack passen – am besten aufeinander abgestimmte Produkte eines Herstellers verwenden. Der Heizkörper sollte in einem Arbeitsgang gestrichen werden, denn nur wenn «nass in nass» gearbeitet wird, kann sich der Auftrag zu einer durchgehenden Oberfläche verbinden.

4 Abschließend wird der Heizkörperlack aufgetragen. Dabei möglichst eine einheitliche Fläche erzeugen. Der Lack wird verhältnismäßig dick aufgetragen. Er sollte komplett austrocknen, bevor die Heizung wieder angestellt wird. Sie lackieren eine Rippe nach der anderen und arbeiten dabei von oben nach unten. Die unvermeidbaren Tropfnasen nach Möglichkeit sofort verstreichen.

Register

Danksagung

Autor und Verlag bedanken sich bei allen Unternehmen, die Abbildungen oder Produkte für Abbildungen zur Verfügung gestellt haben.

Ein besonderer Dank gelten Julia Steinkühler und Jule Messling für ihre Unterstützung.